销售的艺术

所谓会销售就是情商高

李鑫声 编著

团结出版社
UNITY PRESS

图书在版编目（CIP）数据

所谓会销售就是情商高 / 李鑫声编著 . -- 北京：
团结出版社 , 2019.4（2023.11 重印）
（销售的艺术）
ISBN 978-7-5126-7035-8

Ⅰ . ①所… Ⅱ . ①李… Ⅲ . ①销售—商业心理学—通
俗读物 Ⅳ . ① F713.55-49

中国版本图书馆 CIP 数据核字（2019）第 082316 号

出　版：团结出版社
　　　　（北京市东城区东皇城根南街 84 号　邮编：100006）
电　话：（010）65228880　65244790（出版社）
　　　　（010）65238766　85113874　65133603（发行部）
　　　　（010）65133603（邮购）
网　址：http://www.tjpress.com
E - mail：zb65244790@vip.163.com
　　　　tjcbsfxb@163.com（发行部邮购）
经　销：全国新华书店
印　刷：金世嘉元（唐山）印务有限公司

开　本：145mm×210mm　　32 开
印　张：6 印张
字　数：110 千字
版　次：2019 年 4 月　　第 1 版
印　次：2023 年 11 月　　第 2 次印刷

书　号：978-7-5126-7035-8
定　价：29.80 元
（版权所属，盗版必究）

前　言

销售成功与否的问题，说穿了就是情商高低的问题。而一切问题都源于人与人之间的关系。

销售人员和客户的关系并不是庸俗的请客吃饭的关系，而是你的产品能否为客户解决实际的问题，让客户对你的产品产生依赖感，对你产生信任。

曾经，我们一度认为销售行为的成功是签大单，现在则不可同日而语了，要摆脱过去以成交为目标的销售观念：客户是否买一次产品已经不能作为衡量销售人员能力的标准，销售行为的成功在于销售人员和客户建立起可持续交易的关系。

建立这种关系的基础在于你具备高情商，让对方真正信任你。有句话是这样说的："条件一样，人们想和朋友做生意；条件不一样，人们还是想要和朋友做生意。"如果你能和客户营造出朋友一样的感觉，你就比你的竞争对手多一个机会。

尽管销售工作对学历、专业等方面的要求比较宽松，却也不是毫无门槛的。无论哪个行业，销售人员都必须具备机智、顽强、大胆、精明、热情等素质。没有高智商，就找不到产品销路；没有高情商，就算有渠道也会被客户拒绝。绝大部分人的智商都是中等水平，时而陷入低谷，一窍不通；时而超常发挥，出人意料。相对而言，人们在情商方面的差异比智商大多了。

有的人说话、做事令周围的人感到舒服，大家都希望跟他搞好关系、互惠互利，这一类人被社会定义为高情商人士；有的人说话、做事令周围的人感到厌恶，大家恨不得离他越远越好，巴不得看他倒霉出丑，这一类人被社会定义成情商余额不足。我们不妨仔细想想，身边有多少人符合前者的特征。恐怕少之又少。倒是后者，十有八九能遇到。绝大部分人都有中等情商，喜欢的人和讨厌的人大体相当。中等情商的人不一定能讨人喜欢，有时会不小心与别人结怨，而且也缺乏稳定的心理素质。对于销售人员而言，中等情商会对自己的业绩形成不小的障碍。按照大家通常的理解，情商高就是会做人。会做人指的就是善于斡旋人际关系，能打点好周围上上下下的人，获得广博的人脉。想要做好销售，就必须把情商提升到更高的水平，以求让更多客户喜欢你并且信任你。本书提供给你把事情和关系处理得恰到好处的案例，并分析人与人之间的微妙关系和细微差别，帮助你体会情商的实际作用，从而把握好和客户的关系和距离，让每一次的成交变成下一次成交的前奏。

目　录

第一章　妥善处理各种人际关系 …………………………… 1

解决纠纷的方式要柔和 ……………………………… 2

听懂拒绝背后的潜台词 ……………………………… 5

接待随和型顾客要热情周到 ………………………… 8

接待虚荣型顾客要委婉含蓄 ………………………… 11

接待精明型顾客要真诚耐心 ………………………… 14

接待外向型顾客要干脆麻利 ………………………… 17

接待内向型顾客要温柔体贴 ………………………… 20

展示强大气场让顾客信赖 …………………………… 23

将拒绝转化为成交的机会 …………………………… 26

第二章　充分展示产品的优势 …………………………… 29

突出产品的"卖点" ………………………………… 30

演示产品的功能 ……………………………………… 33

引导顾客参与体验 …………………………………… 36

帮顾客找到产品的价值 ……………………………… 38

增强顾客对产品的认同 ……………………………… 42

第三章 积极引导顾客的购买行为 ················ 45

用提问控制局面 ································ 46

用概念创造感觉 ································ 50

用人情加深好感 ································ 53

用"威胁"打破抗拒 ····························· 56

欲擒故纵消除逆反心理 ························· 59

借助环境左右顾客的情绪 ····················· 62

找到合适的销售套路 ························· 65

第四章 用专业素养征服顾客 ·················· 69

以专家的身份登场 ····························· 70

用专业的解答说服 ····························· 73

掌握精准数据"秀秀"你的专业度 ·············· 75

成为自己产品使用的权威 ····················· 77

提供最专业的解决方案 ························· 80

第五章 以优质的服务留住顾客 ·················· 83

推销的不仅是产品,更是服务 ················· 84

严格履行承诺的售后服务 ····················· 87

及时做出可靠的承诺 ························· 90

提高产品的附加服务 ························· 93

用优秀的服务品质增加顾客的忠诚度 ·············· 96

第六章 为顾客着想,让销售实现双赢 ·············· 99

让顾客的钱花在关键的地方 ················· 100

销售应该满足买卖双方的利益 …………… 102

让顾客有一种占便宜的感觉 …………… 105

实实在在的让顾客占点小便宜 …………… 109

讨价还价让顾客觉得买得比别人实惠 …… 113

善用性价比告诉顾客产品物美价廉 …… 116

第七章 抓住时机有技巧地达成交易 …………… 119

强化顾客的兴趣，调高购买欲 …………… 120

不给顾客说拒绝的机会 …………… 124

亲身试验更有说服力 …………… 127

对顾客异议深入发掘、妥善处理 …………… 129

给顾客三个选择 …………… 132

需要牢记的推销金律 …………… 134

第八章 消除顾虑，促成交易 …………… 139

抓住顾客真正的异议 …………… 140

让顾客更关注性价比 …………… 143

满足顾客砍价的乐趣 …………… 146

将顾客分门别类，有针对性地推销 …………… 149

准确地把握住成交时机 …………… 152

用广博的知识抓住稍纵即逝的机会 …… 154

第九章 维护客户的长期忠诚度 …………… 157

维护好老顾客 …………… 158

及时打售后电话 …………… 160

同成交的顾客保持密切的联系 …………… 162

做好访问记录 ⋯⋯⋯⋯⋯⋯⋯⋯⋯⋯⋯⋯⋯⋯⋯ 164

预防大顾客流失 ⋯⋯⋯⋯⋯⋯⋯⋯⋯⋯⋯⋯⋯⋯ 166

保持与老顾客的长期联系 ⋯⋯⋯⋯⋯⋯⋯⋯⋯ 168

第十章　构建产品美好的蓝图 ⋯⋯⋯⋯⋯⋯ 171

讲明产品就是顾客想要的 ⋯⋯⋯⋯⋯⋯⋯⋯⋯ 172

不足和缺陷也可以作为底牌 ⋯⋯⋯⋯⋯⋯⋯⋯ 175

充分认识到产品的核心价值 ⋯⋯⋯⋯⋯⋯⋯⋯ 177

为产品设想一个美好的远景 ⋯⋯⋯⋯⋯⋯⋯⋯ 181

· 第一章 ·

妥善处理各种人际关系

　　记住，身处职场中的你，一定要学会妥善处理好人际关系，包括对你的上级、你的平级，以及你的下属。你需要始终表现对他们开放，将你的一切优秀部分向他们展示。在不违反工作原则的前提下，尽量通过自己的能力和自己的优秀带动下属的工作，团结平级，让你成为职场中亮眼而不惹眼的明星。

解决纠纷的方式要柔和

俗话说"心急吃不了热豆腐"，是指如果太过心急是不会得到最好的结果的，在商业谈判中更是如此。如果遇到和顾客的分歧，就据理力争，争个你死我活，连最基本的尊重都失去了，只会把双方的关系搞僵，最后将成交的可能性"争"没了。因此，最好用柔性的办法化解和顾客的纠纷。

遇到麻烦并不可怕，可怕的是不能化解麻烦。而解决麻烦并不困难，困难的是能用柔性的方式，在不伤害顾客并且不影响生意的前提下解决麻烦。有些销售员素来就是强硬的性格，遇事不问青红皂白，还没搞清楚顾客为什么"找麻烦"，就急于为自己"脱身"。这样不仅不能解决问题，还会激化矛盾，更甚者还会和顾客发生正面冲突，最后不欢而散。如果能够学会用温和的方式化解误会和纠纷，一方面能够得到顾客的谅解，另一方面能够让自己的销售成功。

正因为如此，当在销售中遇到麻烦事，顾客有所不满时，销售员需要做的并非急着撇清关系，而是倾听对方提出的问题，让对方把想说的话说出来，这是尊重顾客最基本的态度。因为只有了解问题所在，才能找出解决问题的最好方法。

第二步就是要解决问题。有些顾客比较敏感，也比较较真，喜欢小题大做，本来并不大的问题，却不依不饶，这样的态度很容易激怒人。但是销售人员则要学会控制，不能小事化大，大事化作不能解决。如果错在自己，应该婉转地、耐心地向顾客解释，争取用最小的代价换得顾客的谅解。如果错不在自己，也不能得理不让人，应该保持优雅的服务态度，向对方解释清楚，说服对方放弃追究。

　　邓超是商场里红酒店的销售员，有一天，一位顾客在店里买走了三瓶红酒，第二天拎着红酒又回来了，进店就气冲冲地大声说："服务员，你们的酒是假的！"

　　由于当时还有很多别的顾客在店里挑红酒，邓超担心这个人这样的言论影响声誉，于是微笑着迎上去："先生，我想这其中一定有什么误会，我们的酒都是正规渠道进口的，绝对不会出现假货。请这边走，我帮您解决一下问题好吗？"

　　这位顾客见邓超这样好的态度，就跟着去了。坐下后，顾客一把把红酒放在了桌子上："就是这三瓶酒。我以前也买过的，不是这样的，这三瓶一定是假的。"

　　邓超依旧一副好脾气，说道："那不知道是哪里有什么不一样呢？"顾客见邓超这么问，理直气壮地说："你看，就是这个小标志，以前是没有的。还有生产商，原来我买的红酒瓶子上也不是写这个生产商的。"

　　邓超一听是这个问题，就放心了，因为这个牌子的红酒确实更换了生产商，因此酒瓶的包装也做了点小改动。于是他详细地向顾客解释了这些问题，最后取得了对方的谅解，事情就这样大事化小、小事化了了。

　　销售中，销售人员要本着用缓和代替强硬，用解释代替争吵的原则处理与顾客之间的矛盾。这要求销售人员除了要具备良好的口才和灵活的销售技巧外，还要有能够温和处理问题的能力，尽量减少销售后遗症的出现。邓超就是因为具备了这样的能力，才避免了冲突的发生。

　　实际上，出现问题并不是最坏的结果，最坏的是沉默、紧张的对峙局面的出现。如果一名销售人员能够像谈判员一样用温和的方式解决冲突，为谈判带来轻松良好的氛围，就能使顾客对你产生好感，敌对的状态也会有所消减，妥善解决问题的可能性就会更大。

在销售过程中，比如商品本身的问题，销售人员的态度问题，顾客对销售人员的误解，销售人员工作的失误等种种原因常会引起顾客的不满。

当销售人员遇到这些麻烦的时候，首先要注意始终把顾客放在最重要的位置，坚持"顾客就是上帝"的原则；其次，要迅速了解问题出现的原因，然后进行解释或者补救，争取用顾客最满意的方案解决问题，这样才能获得对方的信赖，促进销售。

听懂拒绝背后的潜台词

现实中，顾客到商家这里来就是为了购买，但却经常以"价格太贵""还不急于使用"等等理由来拒绝。其实，顾客说"贵"和其他原因的背后有许多潜在的内涵，销售人员只要读懂它们，就能实现交易。

那么，顾客说价格贵的背后，其潜台词都有哪些情况呢？综合起来，可以分为下面几种：

1. 价格太高

你的价格是不是真的高顾客也不确定，这需要摸清顾客的评估准则，以便弱化价格，把竞争对手比下去，最后才能赢得订单。

有一位顾客想租用企业邮箱，既能提升职业形象，也可以减少垃圾邮件和故障。他有几个选择，年费从500元至900元不等。他想要便宜的，最终却选了一个最贵的。这是怎么回事呢？刚开始选择的时候，顾客同样说的是："你的价格太贵了！"

推销员问他："你现在每天收到的垃圾邮件有多少？是如何处理的呢？"

顾客说："少说也有50封，很难清空。主要是一些有用的邮件，甚至顾客的邮件也夹杂在里面，所以必须一个一个地看。有一次因为没及时看到顾客的问讯邮件，误了大事！"

"那真的不幸。除了垃圾邮件，你现在邮箱服务器的稳定性如何？'推销员接着问。

顾客说："经常停机检修，而且不定期。每次停机，邮件是收不到的。已经有顾客对我抱怨了，就是因为邮件沟通的问题！"

推销员见火候已到就建议说："所以，一个运行稳定、能有效隔离垃圾邮件的电子邮箱对你很重要，对吧？"

顾客也确定地说："我想是这样。毕竟机会成本更重要，对了，你说过你们在这些方面有技术优势，怎么做的？"

通过上面的对话可以发现，顾客对邮箱运营商评估标准的微妙变化：按重要性高低排列，对话前是"价格——防垃圾邮件——稳定性"，对话后则为"稳定性——防垃圾邮件——价格"。这种改变不是无缘无故发生的，而是推销员有效影响了顾客的购买决策准则，从而最后达成了合作。

2. 再考虑考虑

美国一家大型商用机器公司因为价格因素而丢订单的情况时有发生，他们专门做了调查后发现，其中64%不是因为价格。对此，顾客是这样回答的：

"他们的宣传很好，可具体一看，并不实用，甚至有的设计无用。"

"没错，他们的机器挺好，可是换供应商总是很麻烦的事！"

"他们的机器质量的确不错，但听说在售后服务上很差劲。"

"新来的副总裁原来在他们的一个竞争对手公司工作，我可不想得罪他！"

显然，顾客对你的产品或服务有顾虑，所以他们才以"价格贵"为借口，选择了拒绝。其实，对方心中真正想的是"我担心如果决定有错，会很被动！"这些解释不清的顾虑，可以称之为"负面后果"。显然，忽视或回避买家的顾虑信号，要比当面去探究这些潜在的风险更危险。请销售人员牢记这一点，积极主动地消除顾客的顾虑。

3. 不是很急用

有位顾客想卖掉自己的大众车，换一辆更好的。车商给他推荐了一辆最新款的车，并且把车的性能说得绘声绘色。但是，顾客最后拒绝了，理由很简单：我先看看，并不急着用。然而，当天他就从另一个车商那里买了一辆更贵的车。

这是怎么回事呢？原来，第一个车商推荐新车的时候，描述新车多么时尚气派，但是这不是顾客看重的地方，所以他没买，以价格太贵拒绝了。

第二个车商推荐新车的时候，没有描绘新车的具体性能，而是问顾客：是不是经常有故障，维修要占用多少时间，一年保养花费多少。这话一下子说到了顾客的心里，所以他就买了第二个车商的车。

显然，当顾客说"贵"或者"我不急用"的时候，那只是一个借口，真正的问题在于销售人员没有把握好"需求认知"这一销售的关键环节，乃至完全忽视了顾客的真实想法是什么，所以才一味地在那里自说白话。

因此，销售人员必须学会如何从解决顾客问题的角度来考虑自己的产品陈述，而不只是做一个机械的产品代言人。换句话说，销售人员首先要考虑自己的产品能够解决顾客哪些问题，不管这些问题是否真实存在。这样在需求认知阶段才能找准位置，成功拿下顾客。

做销售不易，有许多似是而非的原因如你不善解读，就可能让"煮熟的鸭子飞了"。

接待随和型顾客要热情周到

有这样一种类型的顾客，他们性格温和、态度友善，很少直接拒绝销售人员的登门造访或产品介绍，也很愿意听销售人员的"唠叨"，思维往往会被销售人员牵着走，即使销售人员表现得很不热情、很不积极，他们也能容忍，不会轻易发脾气。这种类型的顾客被称为随和性顾客。

除了上面所说的性格特征外，在生活中，随和型的顾客还表现出如下这些特点：通常比较随和，乐于听取别人的意见及看法；有良好的沟通能力，给人以亲切的感觉，相处起来十分容易。在工作中，他们很少与别人发生冲突，虽然性格可能有些敏感，但是发生问题的时候，他们会尽量减少摩擦，不希望把事情闹大。

虽然这类型的人很随和，很有亲近感，但是对于销售人员来讲，这一类型的顾客却是最难做成交易的顾客，究其原因就是他们性格和心理的复杂性。

销售人员在与这一类型顾客沟通的过程中，会发现这类型顾客说得最多的话就是"好"，无论什么都以"好"作为结束语，唯一说"不"的时候就是不买产品的时候。很有意思吧？但确实如此。

随和型的顾客购买产品或服务时通常会考虑很多因素，且很注重会不会对别人造成影响。他们经常会问："这个产品容易操作吗？会不会影响别人？"产品的性能、使用、寿命、价格、维护、售后以及对他人的影响都在这类型顾客的综合考虑范围之内，决定着他们是否购买某产品。

由于随和型的顾客需要了解的东西太多，也很谨慎，所以销售人员要积极地与其联系，并热情地为其介绍相关情况，以便满足其心理需求。

郝国强是一家工程设备公司的一位资深销售员，一次偶然的机会他打听到本市一家公司需要他推销的设备，于是他当即便打电话询问了一下这家公司的采购经理："您好，是于经理吗？我是咱们市嘉兴工程设备公司的销售员郝国强，听说贵公司正在寻求几套大型的园林机械，恰好我们公司有，我想去拜访一下您，您看方便吗？"

电话那头："哦，方便方便，我们正想多学一些这方面的知识呢！欢迎欢迎。"

第二天郝国强就来到那家公司拜访于经理："您就是于经理，久闻大名。"于经理很随和："来来来，别客气，我们都是很随和的人，就直接向你请教了，由于要采购的那些设备我们从未用过，对于技术方面的知识知道得很少，你来了，正好向你请教些专业知识。"

郝国强："没问题，有问题您尽管提，我一定竭尽所能，包您满意……"

一番交谈后，于经理说："不瞒你说，你已经是第三个卖家了，与其他卖家相比，你还是有优势的。我们保持经常联系，最后成功与否，还要看产品的质量。"

从此后郝国强与于经理经常联系，还送去产品说明书，以及产品使用的视频资料，就设备安装的问题，郝国强还特意请公司的技术人员登门给于经理等人现场做示范。最终于经理签下了订购工.套设备的订单。

事例中的于经理就属于随和型的顾客，郝国强针对随和型顾客的性格特征，采取了积极主动的服务方式，热情地为其介绍产品，对顾客的问题有问必答，保持不间断的联系，最后促成了这桩生意的成交。

　　由于随和型的顾客办事很谨慎，不喜欢承担风险，尤其不希望因为自己的原因而造成不应该有的损失。一般情况下，随和型的顾客做出决定的时间会很长，所以销售人员不能太急，也不能给予否认或者怀疑，要把握分寸，适当地给予对方思考时间及引导，这样才能保证推销的顺利进行。

　　另外，也正由于随和型的顾客不愿意承担风险，所以，销售人员在与之合作时，要给予其保证，适宜用专业的商务语言给予其积极的建议，让对方了解到你的诚意，消除其心中的种种疑虑，最终水到渠成地促成交易。

　　总之，针对随和型顾客的性格特征及心理特征，销售人员在与其交流沟通中，要始终把主动权抓在自己的手里，积极主动地与其联系，用自信的言谈，给对方积极性的建议，并多多使用肯定性的语言加以鼓励，而且要多从对方的立场来讨论问题，在潜移默化中使顾客做出决定，切记欲速则不达。

接待虚荣型顾客要委婉含蓄

虚荣之心是一种很普遍的心理，喜欢炫耀，喜欢被人夸，喜欢与人攀比，喜欢高别人一等，这些都是虚荣心理的表现。虚荣型的顾客就有这样的特点，他们最开心的事情就是听到别人夸自己。

与虚荣型的顾客打交道是销售人员十分愿意做的事情，因为在与对方沟通交流时，不需要费太多精力去介绍产品，以及想太多的办法去获得对方的认同，只需要恰到好处地恭维取悦好对方，合作就基本有谱了。

一次，有一位企业家决定在自己的家乡建一所学校。一位家具厂的销售人员想获得该学校座椅的生意，于是他就和这位企业家约好见面聊一聊。见面时做了简单的自我介绍之后，这位销售人员便一脸真诚并极其自然地说道："我在等着见您的时候，我细心地浏览了一下您的办公室，心想如果我能有这样的办公室，那该多好，我从来没有遇见过设计得如此巧妙合理的办公室。"

这个企业家听后，很高兴："这个办公室很漂亮是不是？这是我亲自设计的，当时确实花费了我一些心思。"这位销售人员一边认真地听着，一边走到墙边用手摸摸壁板，说道："这是英国橡木做的，对吗？和意大利橡木稍微有些不同。"

企业家回答："嗯，那是从英国本土运来的橡木。我幸好也略懂一些木料方面的知识，这些材料都是我亲自挑选的。"随后企业家很有兴致地领着这位销售人员参观他亲自设计的其他几个房间。他们兴致勃勃地谈论建筑以及室内装饰，然后企业家顺便提到了他准备在家乡捐造一所学校，用以回报社会，这位销售人员适时热忱地赞许了他这种慈善的举动，然后也顺便说起了自己此来的目的。

从上午 10 点 15 分两人见面，到中午的时候他们依旧亲切地交谈着。谈话的最终结果是这位销售人员拿到了为这所学校做座椅的订单。

在这个事例中，这个销售人员通过试探，很明确地感觉到对方是一位虚荣型顾客，所以投其所好，极尽赞美之能事，获得了顾客的欢心，最后如愿以偿得到了订单。

在消费中，顾客的虚荣心理有时会表现得很明显，比如，虽然自身的经济条件并不是很宽裕，但是在选购商品的时候也还是倾向于选购比较高档的产品，并且在销售人员面前尽量表现得很富有。他们最不能容忍的就是别人说自己没有钱，买不起。

这个时候，聪明的销售人员都会恰到好处地夸奖顾客很有眼光，很有经济实力，受了夸奖的顾客通常很兴奋，因为虚荣心得到了满足。而且为了继续"装"下去，不丢面子，他们往往出手阔绰，愿意在你这里消费更多。

一对夫妇走进金碧辉煌的珠宝店挑选首饰，他们相中了一只价值 8 万元的翡翠戒指，但是又感觉价格很高，不符合他们的心理预期，为此一直犹豫不决。

这时候，一名很有经验的销售人员走过来说道："您二位真有眼光，荷兰的总统夫人也和您二位一样很喜欢这款戒指，但是由于嫌价格贵没有买。"

这样恭维的话刺激了这对夫妇，他们简单商量了一下，然后决定买下这款连女王都嫌贵的翡翠戒指。看着女主人带着戒指满意地离开，这名销售人员也笑了。

如果能够确认对方是一名虚荣型的顾客，那么在与其交流沟通中，销售人员就要利用一切可以利用的机会展开恭维。如果是在顾客家中，可以赞叹顾客家居的设计风格独特，屋内的家具品位不凡等，还可以具体地谈某项事物，如客厅摆放的花如何雅致，颜色如何亮丽等。如果是在顾客的办公室，可以夸赞其办公室的整体风格很让人赏心悦目，或者顾客的办公效率等，只要是能用上的褒义词请尽量用上。

恭维最好要讲究一定的方法和技巧，才能起到四两拨千斤的绝佳效果。优秀的销售员通常把恭维的话语放在比较隐喻的方面，他们一般不会直接恭维顾客，而是在合适的场合当着顾客的面赞赏顾客的接待人员。

这样做的效果是，表面上是在赞赏接待人员，其实是在恭维顾客，因为只有他们平时对下属管理有方，下属才会让客人满意，因此恭维接待人员的同时也就意味着在夸奖顾客。这样做还有一个意想不到的收获就是，接待人员同时也会对你报以热情的态度，因为你的赞美，有可能改变他们在老板心中的印象，也许在以后的推销进程中，他们会暗暗地帮你。

另外，在恭维对方时，销售人员要注意适度，不要太过，太过的话容易让对方产生不真实感，甚至怀疑你在讽刺他，从而对你产生戒备心理，甚至反感你，那样的话，你的恭维就会适得其反，起不到应有的效果。

接待精明型顾客要真诚耐心

通常情况下，精明型的顾客都有着较高的见识能力，在消费的过程中沉着冷静，不轻易受他人影响，对销售人员以及商品有着较高的要求，一旦销售人员出现什么差错或者漏洞，将直接影响他们的购买决定。

碰到精明型顾客，销售人员一般会叫苦不迭，因为他们就像看戏一样，看着销售人员把产品介绍了一遍又一遍，但是丝毫没有购买的冲动。而且，在这个过程中，销售人员还要经受住顾客对自己仔仔细细地观察，一旦出现了纰漏，合作就极有可能泡汤。销售人员十分害怕自己哪一句话说错了惹恼了对方，而使自己之前的努力前功尽弃。

通常，精明型的顾客比较强势，最讨厌别人弄虚作假，一旦发现销售人员没有说实话，他们就会不依不饶，追查到底。因此，在精明型的顾客面前，销售人员最好避免夸张地说话，不说不切实际的话，如果弄虚作假被发现，无疑会使自己处于非常不利的地位。

可粗略地将精明型的顾客分为"尽责型"和"执着型"两种类型。先来分析"尽责型"的顾客。"尽责型"顾客通常都有很强的分析能力，做事以严谨著称，似乎任何问题都逃不出他们的眼睛，经他们手的工作一般都是不会有什么遗漏的，正因为这样，使得他们对人对事都很挑剔，他们从不会轻易相信一个人。

"尽责型"顾客是顾客群体中比较"难缠"的一种。对付这样的顾客，应该尽量使他们有安全感、让他们相信你，让他们明白你会认真倾听、分析他们的要求。

由于这类型顾客希望销售人员不管是看起来、听起来，还有感受起来都要符合他们的要求，所以，在与这样的顾客相处时，一切都要以一种井井有条的状态出现，尤其是对细节的把握方面更要注意。比如在工作方面，你要思路清晰、方法明确，态度严谨。在生活方面，你的谈话、你的穿着、你的行为，都要规范得体，而且不要有什么不良的行为习惯。

在听产品介绍时，他们需要你详尽的介绍，而不要粗枝大叶，更不要含糊其词，当然更要真实不夸张。在他们面前，你无论做多少次"详细说明"都不过分。他们想听，就希望你说。如果你不说，他们就不会喜欢你，更不会跟你做生意。

虽然这一类型的顾客很挑剔，很难合作，但是从长期来看，这类顾客是最稳定的类型，一旦他们同意与你合作，那就代表你已经取得了他们的信任。当然，在他们成为你的固定顾客后，你也不能掉以轻心，因为他们精明的思想和习惯没有变，他们还会观察你，一旦发现你懈怠或者欺骗他们了，他们会随时停止与你的合作。

对"尽责型"顾客的应对策略同样适用于"执着型"的顾客。此外，应对"执着型"的顾客，还有一些特别的技巧。

与"尽责型"顾客相类似，"执着型"顾客做事也非常稳重、仔细，态度严谨。他们通常忠诚守德。虽然他们能够容忍别人在道德和立场方面存有缺陷，但是他们并不愿意和那些道德水准低下的商人做交易。

在和"执着型"顾客接触和交流中，销售人员要保持真诚的态度，要确保他们对你完全信任。在向他们推销产品时，要确保他们能从中获得安全感。让他们觉得有保障，觉得已做出的决策没有风险，不要给他们压力，这样才有可能让他们愿意跟你做交易。

同"尽责型"顾客一样，"执着型"顾客也会一直观察他们想要与之合作的销售人员，一旦让他们发现了你的瑕疵或者你的污点，他们会极有可能取消与你合作的打算。所以销售人员要多留心一下自己的历史记录，如果发现有不良记录存在，最好要及时弥补，或想好应对措施，以防被对方质问，措手不及。

由于精明型的顾客极度讨厌虚伪和做作，比较容易接受真诚和坦率，所以很多时候，你不要试图掩盖你产品或者服务的不足，而要坦诚相告，反而会赢得他们的信任和肯定，从而增大与他们合作的机会。

概括来讲，在和精明型的顾客打交道时，销售人员首先要树立信心，不要胆怯害怕。其次要保证以真诚的态度对待对方，介绍商品时实事求是，不弄虚作假。再次，要热情地为对方服务，设身处地地为对方着想。最后，将选择权交给对方，并给对方考虑和调查的时间，不逼迫对方做出选择。只要规范操作，将自己的行为都纳入到他们的规范要求中，就能换来这类型顾客的信任，为交易打好基础。

接待外向型顾客要干脆麻利

粗略来分，可将人分为内向型人和外向型人。外向型的人说话比较果断，能明确地表达自己的意愿，语速也比较快，声调较为洪亮，愿意与人接触，待人热情，做事不拘小节。

销售人员与外向型的顾客交流一般是比较容易的，和这样的人在一起，销售人员也不会感到压抑。当销售人员在给这样的顾客介绍商品时，他会很乐意地听销售人员说明，并且会很积极地参与进来，发表自己的看法。

"直接"是这类型顾客的一大特点，在购买商品时，如果他喜欢就会很痛快地购买，不喜欢的话就会果断拒绝。在拒绝时也通常不会绕弯子委婉拒绝，而多半会直截了当予以拒绝，而不管对方是否能下得了台。

一个顾客来到一家保险公司，找到工作人员问："你好，我想为孩子购买一份保险。"

销售员："您看，这是我们公司适合儿童的所有保险，我可以一一给您介绍。"

顾客大声说道："不用，我把我小孩儿的情况告诉你，你帮我选择一个最合适的就好，不用一一介绍了，我就相信你一次，交给你办了。"

销售员："好的，那我记录一下，请您放心，我一定帮您选择一个最合适的保险。"

显然，例子中的这个顾客就是一位外向型顾客，他不会拐弯抹角地说话，而是很直接地表达诉求。面对这样的顾客，销售人员应该以比较外向的方式来与之交往，要顺着对方的心意服务，尽量长话短说，避免拖沓。

外向型顾客凡事愿意摆在外面，不喜欢藏着掖着。如果一个人的办公室里摆放着一些学位证书、获奖牌匾，还有装帧精美的其他证书之类的荣誉象征，那么极有可能这个人就是一位外向型人。

一位资深的销售人员一次去拜访一位民营企业的老总。在这个私企老总的办公室里，他看见墙上裱着一个非常精美的装饰品，仔细一看，原来是国内某著名大学工商管理硕士（MBA）的毕业证书。

原来这位私企老板刚刚从这所著名大学的工商管理专业毕业并顺利地获得了证书。了解这一点后，这位销售人员就猜测到自己的这位顾客可能是一位说话、办事都很爽快的外向型人，心中也就有了与之打交道的策略。

事后证明，这个销售人员的猜测是完全正确的，这位私企老总的确是位外向型人。

外向型的顾客通常有很强的时间观念，对于时间的把握，他们甚至能精确到以分钟甚至是秒计算的程度，如果与这样的顾客预约，一定要及时赴约，否则你会给这类顾客留下一个没有时间观念的印象，从而会失去他们对你的信任。

另外，在与外向型顾客交流沟通时，销售人员要注意把握交谈时间，说话言简意赅，切中要点，要尽量用最短的时间把最有用的信息传达给他们，不要给对方留下浪费时间的感觉。否则，会被视为在浪费时间，而不利于合作。

外向型的顾客的目的性很强，也很直接，他们只关心你的产品或者服务能否满足他们的要求，而通常不去管其他的方面。说服他们最好的方式就是用事实证明一切，其他烦琐的解释在他们看来都软弱无力，而且很没有必要。

外向型的顾客通常很自信，对于别人的意见或者建议，他们不会轻易接受，除非你的论据够充分，他们才有可能做一些适当的改变，但也不要指望他们一下子改变很多。所以，不要期望自己能够扭转他们对某事的看法或者观点。

另外，还有一点需要注意的是，外向型人做决策速度相当快，而且缺乏一定的耐心，一旦他就某项条款提出异议，你就要迅速做出最合理的解释，你必须跟上他的脚步，及时地提供信息以助其完成决策。只有这样，合作才有可能取得成功。

总之，在与外向型顾客打交道时，不要啰里啰嗦地就一个话题没完没了地说个不停，要言简意赅，切中要害。对他们的疑问要及时解答清楚，对他们的要求及时予以满足，不拖泥带水，就会获得他们的认可，从而增加合作的概率。

接待内向型顾客要温柔体贴

与外向型人豪爽干脆的性格相反，内向型人性格内敛、沉静，不善言谈，也不愿意与人交流，更不愿意将内心的真实想法说出来，喜欢独处。

在消费环节，内向型的人总是显得十分谨慎，对产品精挑细选，甚至久久拿不定主意，以至于消费的数量不多。对上门推销的人员，内向型人警惕性很高，态度很冷淡，不愿意交谈，说话极其有限，而且极有分寸，这样就使销售人员的工作很难展开。

实际上，内向型的人很内秀，虽然他们很少发表自己的意见，但并不代表他们没有自己独特的见解。在销售人员介绍商品或者提供服务时，他们已经在认真倾听，并在心里琢磨商品或服务的好坏。只是由于天生性格内敛、沉静，而且对陌生人有一种天生的防御和警惕的本能，因此才会表现得冷漠、无动于衷。

内向型人即使是对销售人员的观点表示赞同，通常也只会简单地应承一句，而不会说太多的话。这就形成了一个看着很奇怪的情形：这边，销售人员在口若悬河、引经据典地大说特说，而那边，内向型人气定神闲，无动于衷，甚至有些心不在焉，仿佛在很认真地听你讲，但似乎又心有所想，这样的状态经常让销售人员不知所措，不知道该如何应对。

内向型人心思敏捷，推理能力很强，他们会对销售人员提供的信息进行很认真的思考、推敲，由于考虑的事情很多，所以他们思考的时间较长。但是一旦分析完自己掌握的数据，认为自己足够了解了销售人员推销的产品或者服务时，合作的成功性就会很大。

　　针对内向型顾客的性格特征和心理状况，销售人员在与之交流沟通中，讲话要富有条理和专业性，要把合作的优点和缺点一一展示出来，提供的信息要尽量全面，要有耐心，并适时保持沉默，给对方以足够的思考时间进行决策。

　　一天，北京中关村数码大厦来了一位女孩。一见到有顾客上门，几个推销人员一起迎上去，主动打招呼，并再三询问对方需要什么电子产品。面对你一句我一句的询问，女孩显得有些窘迫不堪，甚至涨红了脸，最后简单地说自己只是随便看看。

　　在离柜台稍远处转了两圈之后，可能觉得没有自己想要的产品，女孩就准备离开了。品牌电脑销售员刘佳在柜台里一直观察着女孩，他看出这个女孩来到这里是要准备购物的，同时他也看出对方是一个比较内向腼腆的顾客，可能是因为刚才那些销售人员的轮番轰炸，把女孩吓住了，有些不知所措了，所以准备离开。

　　想到这里，刘佳从柜台后面走出来，上前很友好地把女孩请到自己的柜台前，对她说："别紧张，您是不是想买台电脑，觉得价格，还有配置不合适。这样，如果你相信我，我先给你详细介绍一下，如果适合，你就买，如果不合适，你就不买。先到这边坐坐吧，这边比较安静！"

　　女孩顺从地坐了下来。在聊了十几分钟后，女孩明显地对刘佳产生了信任感，于是便向他透露了自己的真实想法，她确实是想组装一台配置高一些的电脑，可是自己又不是很懂，刚才又被那几个推销人员吓了一跳，本想不买了，以后再说，但现在听了刘佳的介绍后，她决定委托刘佳帮自己组装一台高配置的电脑。

　　内向型顾客属于慢热型，在其冷漠的神情之下掩盖着一颗火热的心。只要获得了他们的认可，他们就会自然表达出十分的善意。等到彼此熟悉起来，他们就会变得十分信任你、依赖你，甚至让你替他们做决定。

通常情况下，内向型的顾客在购买过一次你的产品后，如果结果让他们满意，你们之间就会有下次、下下次的交易。因此，对于销售人员而言，内向型的顾客值得努力与之建立比较稳定长久的关系，使彼此的合作一直持续下去。

总之，针对内向型顾客不善言辞、不爱主动、不轻易相信他人的性格特征，销售人员要积极主动与其接触，以周到体贴的服务方式为其服务，给对方提供详尽的信息资料，然后适时地保持沉默，给对方留有思考和回旋的余地，这样就会使合作更容易达成。

展示强大气场让顾客信赖

我们常常会说，将军有将军的风范，土匪有土匪的痞气。不同的人，其特殊的身份和特质，决定了其外在的气势和影响。在现实生活中，有不少人也能给人这样的感觉。即使他不说话，单单是站在那里，就可以让人觉得有一种特殊的气质，使人不禁对其肃然起敬，表示信服和依赖，或者感到一种威严的气势，不由得顺从和臣服于他。这其实就是一种无形的影响力，是一个人的品质以及意志等内涵的外在体现，并外化成一种气势和力量，对别人产生一定的吸引或者威慑。

一个人如果能够提高自己的这种隐形的气势，就可以更深刻地影响到别人，使这种气势变成感化别人的力量。有位心理学家做了这样一个实验：

让一名军人装扮成一个乞丐，而让一个乞丐装扮成一名军人，两个人交换角色，一个去沿街乞讨，一个去管理士兵。结果军人装扮成乞丐以后，还是那样挺拔坚定，说话低沉镇定，当他对路人说："请施舍我点东西吧！"很多人都为之一震，浑厚的声音之中传达出一种不可抗拒的力量，人们不自觉地掏出钱来给他。而乞丐装扮成的军人，却是一副萎缩的姿态，在士兵面前低声下气，他命令士兵列队的时候，居然是低声地说："我求求你们都站好吧！"结果士兵们一起喊"是，长官！"竟把他吓得躲到墙角了。

这就是气势的影响，它可以传递给别人这样的信息：你是自信还是卑谦，是胸有成竹还是心中没谱儿，是不可轻视还是可以随意应付。当你在气势上处于劣势的时候，不仅不能影响到别人，还可能被对方控制。因此，销售人员在顾客面前，一定要将自己最强势的一面表现出来，要充满自信、要坚定果断、要谨慎认真，而不能唯唯诺诺、拖拖拉拉，更不能马虎大意、随波逐流。

在处事立场上，如果你没有坚定的意志，没有果断的精神，那么主动权就会控制在对方手里，使你受制于人。销售人员要善于改变自身的气势，增强影响力，其基础就是要有强大的意志力做支撑。有决心、有目标，才会有独立性，不受别人的干扰和影响，也不会随波逐流、半途而废。因此，销售人员如果能将决策时的独立性和果断性与执行时的坚定性完美地结合在一起，一种无形的影响力就会产生。你的自信与坚定，你的镇静与果断，足以让对方对你表示信服，对你有所依赖，并在你逼人的气势之下，轻易向你妥协。

原一平是一位伟大的推销员，在日本被称为"推销之神"，然而他并不是人们想象中的那种英俊挺拔的销售员。他的身高只有 1.53 米，长相也很普通，在他刚刚进入销售界，进行保险推销的时候，处境是十分艰苦的。不但没有经验，而且自身气质不佳，几乎没有任何优势。在进入公司的半年时间里，他居然一份保险也没有推销出去。他没有钱租房子，没有钱吃饭，日子过得很艰难，但是他并没有自怨自艾，依然微笑着面对自己的生活，因为他始终坚信：生命的天空总会有晴朗的一天。

他总是能够微笑地面对周围的一切，而且笑得那么真诚，那么自信。同时他也对自己的工作充满了坚定的信念，在别人已经灰心丧气的时候，他依然能够充满希望地面对。有一次，原一平去拜访一位顾客。去之前他就听说这个顾客是个性格内向、脾气古怪的人，很难对付。但是原一平没有退缩，勇敢地敲响了顾客家的门。

"你好，我是原一平，明治保险公司的业务员。"

"哦，对不起，我不需要投保。我向来讨厌保险。"

原一平并没有生气，而是诚恳地问："能告诉我为什么吗？"

"讨厌是不需要理由的！"顾客突然提高声音，显得有些不耐烦。

原一平并没有选择离开，而是依旧面带笑容地望着他说："听朋友说你在自己的行业做得很成功，真羡慕你，如果我能在我的行业也能做得像你一样好，那真是一件很棒的事。"

原一平的话让顾客的态度略有好转："我一向是讨厌保险推销员的，可是你的笑容让我不忍拒绝与你交谈。好吧，你就说说你的保险吧。"

于是原一平被请进了家门，原来顾客并不是讨厌保险，而是不喜欢推销员。而在接下来的交谈中，顾客在不知不觉中已经被他的自信、开朗、热情和坚定所感染。最后，顾客终于被原一平说服，愉快地在保险单上签上了自己的大名，并和他握手道别，说："你真是个了不起的人，我好像完全不能抗拒你似的。"

原一平就是靠自己的巨大影响力，感染了无数的顾客。他相信真诚和自信能够打动很多人。为了能够更好地影响顾客。他还苦练"笑功"，把"笑"分为38种，针对不同的顾客，表现不同的笑容，使自己不管在面对什么样的顾客时都能够散发出迷人的魅力，使顾客如沐春风，无法抗拒。

销售人员就要像原一平那样，充满自信，充满精气神，从容面对一切，用自己的魅力、能力营造一种强大的让人无法抗拒的气场，从而让交易变得不再遥不可及。

将拒绝转化为成交的机会

作为一名专业的销售人员，一定要有这样的一个心态：异议是销售的真正开端。如果顾客连异议都没有就购买产品，那销售人员的价值还怎么体现呢？实际上，任何产品和服务都有不足之处，都不可能完美，顾客肯定会对它有一定的异议，这一点销售人员也是必须要有所认知的。

对一位优秀的销售人员而言，异议不应该是销售工作中的一个障碍，而应该是一个积极的因素。他们能够从另外一个角度来体会异议，揭露出另一层含义：从顾客提出的异议中，我能判断顾客是否有需要；从顾客提出的异议中，我能了解顾客对自己的建议书接受的程度，进而迅速修正自己的销售战术；从顾客提出的异议中，我能获得更多的信息。

异议的这层意义，是对"销售是从顾客的拒绝开始"的最好印证。作为一名销售人员，在向顾客推销商品时，遭到拒绝是非常正常的事。这个时候，应该怎么做呢？是选择放弃呢，还是把拒绝当成成交的机会？有一部分销售人员就会这样想：顾客都已经直接拒绝我了，他已经不要我的商品了，我还有什么办法呢？

可是，销售人员在推销商品时，得到的大多数都是拒绝，毕竟很少有人会无缘无故地去相信一个陌生人推荐的商品。但是，那些优秀的销售人员却有着完全不同的思维，他们在推销商品时也经常遭到顾客的拒绝，可是他们绝不会自怨自艾，也不会悲观失望，在他们眼里，顾客的每一次拒绝都是一次机会。因为顾客的拒绝都有理由，他也许嫌商品贵，也许对商品不够信任，也许抱怨商品没有售后服务，等等。那么，将顾客的问题解决好不就万事大吉了吗？

在这个世界上，没有解决不了的问题，所有的问题都有解决的方法，就像人们常说的那样——"方法总比问题多"。当你想办法把顾客的问题都解决掉的时候，他还有什么理由不买你的商品呢？把顾客的拒绝视为成交的机会，这就是优秀销售人员之所以优秀的秘诀。

孙超伟大学毕业后，找了一份销售的工作，负责推销文具。可是每次他向顾客销售时，顾客的回答就只有一句话："我不需要。"

为此，他非常苦恼，不知道自己该怎么办才好。无奈，他只好向那些表现突出的同行请教。同行说："首先你要找对顾客啊！比如，你销售文具就只能找那些有学生的家庭或文化单位的人，他们才有可能需要。"

孙超伟叹了一口气，说："我找的就是这些人啊！可是人家都说不需要。"同行笑着说："他们拒绝你，你就离开了？"

孙超伟很吃惊："不然，我还能怎么样？"同行说："你至少可以问问他为什么拒绝买你的商品吧！"

孙超伟说："问了之后，怎么办呢？"同行笑道："知道他拒绝的理由，你的销售就已经成功了一半。知道了问题的所在，剩下来解决问题就行了。他如果嫌产品贵，你就应该努力让他相信这是物有所值。他如果不信任产品的质量，你可以告诉他如果在一年之内出了问题，你把钱原封不动地退给他。如果他拒绝你的理由都一一排除了，那他还有什么理由不买你的商品呢？"

孙超伟惊讶地说："你的销售成绩那么好，难道你也经常被顾客拒绝吗？"同行笑了一下，说："你以为呢？我并不是一个运气好的人，我只是一个会把拒绝当成机会的人。"

这番谈话让孙超伟深受启发，原来在销售中，拒绝并不只是拒绝，而是机会。他抱着这种想法再次敲开了一个顾客的门。顾客的第一句话仍然是："我不需要。"

孙超伟并没有像以前一样直接走掉，而是微笑着问："我可以问一下你为什么不需要吗？据我所知，你有一个上初中的儿子，我想他应该是需要文具的。"

顾客说："他有文具。"孙超伟说："哦，可是我们的产品特别好用，很多用过的人都这么反映。"顾客说："卖东西的当然会说自己的东西好了，我怎么知道你的产品好用呢？"孙超伟说："你用一下就知道了，我想你一定可以辨别出好用和不好用的。"

顾客试用了一下，感觉孙超伟的文具确实质量不错，就购买了一些。孙超伟终于找到了销售的窍门。

销售人员在遭到拒绝后，一定不要气馁，不要放弃，如果你选择了放弃，那么你就是自己放弃了成功的机会。你要明白，顾客拒绝你是正常的，不拒绝你才不正常，在你去推销时，就要做好充分的心理准备，准备接受顾客的拒绝。

可是，你更应该明白，在拒绝的背后蕴藏着无限的商机，有拒绝才有销售。找到顾客拒绝你的理由，然后将理由排除，化拒绝为接受，化危机为转机，这是一个优秀销售人员必须具备的素质。

· 第二章 ·

充分展示产品的优势

销售员在向客户介绍产品时，如果不能让产品的价值和优势打动客户，在接下来的工作中就会非常被动。因此，介绍产品要扬长避短，针对客户的需求点中的关键部位来介绍产品的功能，以此来赢得销售上的成功。

突出产品的"卖点"

了解自己所推销的产品的功能和各项技术指标及特点，是销售人员必备的基本功，只有具备了这种基本功才可能将产品的突出特点作为重点向顾客展示，以达到"不同凡响"的效果，让顾客心甘情愿地买单。

顾客的购买欲望是销售得以顺利进行的前提条件，这是每个销售员都应知道的常识，激起顾客的购买欲望是产品具有吸引顾客的卖点，而这一卖点就是产品优势。而顾客只有看到这种产品相对于其他同类产品的优势，才会对产品产生购买欲望。

高琪是一家家用电器公司的推销员，一次，他通过朋友介绍说，某社区敬老院预购买一批洗衣机，于是就上门推销。

接待高琪的是院长老陈，听完高琪的介绍后老陈明确表示说："我们确实想换几台洗衣机，但是，今天上午已经来了三个推销员了。我正考虑买哪一种呢。这样吧，你也跟他们一样，留下一张名片，等我考虑好了给你打电话。"

高琪知道，面对几个竞争对手只有突出自己产品的优势才能让对方选择自己的产品。如果只留下一张名片就离开，很难说他们会选谁的。

于是，高琪问老陈："你们原来有洗衣机，为什么要换呢？"

老陈说："是啊，原来的洗衣机用的年头多了，现在老人多了，要洗的衣服也增加了，所以才想买几台。"

"是呀，洗衣机的修理既耗费时间又耗费精力。所以，我想帮您介绍一下我们公司的洗衣机，我想它一定可以很好地帮您解决这个头疼的问题。"高琪解释着。

老陈不信，摇摇头说："全天下的洗衣机的保修期差不多都是一年。"

高琪承诺："我们公司的洗衣机不一样，保修期为三年，并且，三年后还会负责上门维修，费用才是市场价的一半。这是我们产品与众不同的最大优势。"

听高琪这样说老陈有点意外："那洗衣机的其他功能怎么样啊？都是怎么卖的呢？"

"我们公司洗衣机的其他功能跟其他公司的洗衣机是一样的，费用也跟同类产品差不多，同样的价钱得到不一样的服务绝对是物超所值。"

老陈听到这，马上心动了："好吧，你给我说说买这款洗衣机的具体细节吧。"

产品最突出的亮点就是它能否给顾客带来他所期待的利益，或者在帮顾客解决问题方面发挥一定的作用。因此，因人而异，强化自己产品的特点，是销售人员应该提前想到的问题。

下面这个例子也很好地证明了这一点：

某天，一位推销员敲开了某小区一位顾客的家门，向这家推销化妆品，这家的先生来开门。

看到主人来开门，推销员主动介绍说："打扰了，我是来向你推销我们品牌的化妆品的。"

这位先生告诉他："我太太不在家。你下次来吧。"

销售人员马上回答说："请等一下，我今天来是特意找你的。"

"找我？我又不是女人，不用化妆品的。找我干吗？"

销售人员解释说："你有所不知。虽然平时太太来买化妆品，但是我们的化妆品和其他的产品有所不同。"

"哪儿不同？"

"我们把产品的盒子设计成别致的'心'的形状，因为'心'的含义代表着疼爱和关心，你买一款送给你太太的话，不就是表示了你对太太的疼爱和关心了嘛！她看见这份礼物的时候一定会很感动，很开心的。"

听到这，先生问了："多少钱？"

"爱是无价的。"

"好吧，我买一款。"

销售人员就这样三言两语地把一款化妆品卖给了这位先生。

对于销售人员而言，成功之道就是要挖掘每一种产品的"个性"。首先，销售人员要对产品有一个全面、深刻的认识，这样才能明确地划分优缺点，找到容易被忽略的特性，给顾客一个"出乎意料却在情理之中"的惊喜。

一般情况下，销售人员在向顾客介绍产品时，无论什么产品，都会先从以下几个方面展开：实惠、方便、安全、关怀和成就感。针对不同的产品，销售人员的说辞可以千变万化。比如，你可以说："这个产品使用起来非常方便，能给你节省大量的时间""这款商品的设计理念，能够表现出你对家人的爱""这款产品非常符合你的品位"，等等。

销售人员应该注意，对于产品卖点的说明，应该密切结合顾客的实际需求。否则，你用词再华丽，产品功能再丰富，也还是不能达到吸引顾客的作用。

当销售人员掌握了顾客的需求后，就应该在心底默默地分析产品的优缺点，顾客的需求与产品有哪些切合点，分析出产品的哪些优点是符合顾客期望的，顾客有哪些需求又是难以实现的。只有做到心中有数，才能强化产品的特点和优势，有针对性地对顾客发起进攻。

演示产品的功能

将自己所推销的产品拿到顾客单位或推销现场当众演示它的功能，是很多推销员常用的推销技巧。相比语言推销，实物功能演示更生动、更活泼，信息含量更大，更受顾客的喜爱，其本身的引导作用更大。

很多人都相信"行胜于言""耳听为虚，眼见为实"，即使推销员说得天花乱坠也不会被打动。那么，怎样才能使他们相信产品的效果呢？其中的一种办法是进行示范。在很大程度上，示范是为了使顾客能够产生进一步了解产品的兴趣，展示产品的一两种特别突出的特色和功能，因此推销员应该设法把示范搞得富有趣味。

一位推销胶水的推销员让顾客在一页纸的一端涂上胶水，粘在一本厚厚的书上，然后再用这页纸把书提起来。通过这种方法，他向顾客显示了胶水的粘合力。这样的示范看上去很有说服力。事实上，如果推销员能够充分利用一些富有说服力的演示，就可能使顾客觉得出乎意料，大大提高对产品的兴趣。

对于一些自己能亲自参与的事情，人们常常会非常注意。因此，为了吸引顾客，推销员可以让他们自己来参加示范，所产生的效果也是非常强烈的。当然，如果要让顾客参加示范，推销员也要做好精心的准备，因为教别人使用某种产品与自己使用是截然不同的两回事。这种示范所产生的引导作用要比纯靠语言的引导作用强得多。一般来说，如果一次示范成功，顾客就会在很大程度上认可这种产品，取得推销的成功。

要使演示成功，必须注意示范的内容，即要怎样示范，通过这种示范要达到什么效果，如产品的某一突出性能，这一效果要能引起顾客的充分注意，引导他们认可这种产品。如果你推销胶水，你的示范仅仅表明胶水能把纸给粘住，这是起不到什么引导作用的。如果在示范的时候，在大庭广众之下，出现了意想不到的问题，其结果是无法挽回的。当然，任何事都可能发生。推销员应在平时考虑一下出现意外情况下的应对措施。要是没有心理准备，因为临时出现问题使示范出现差错而手足无措，会起到相反的作用，关于这一点，推销员却是应该注意的。

对于推销员来说，演示是推销时经常使用的技巧和手段。上门推销一些较大的、不方便携带的物品，如果不想因用那些双方都听惯了的推销语言而使气氛沉闷，演示是一种不错的办法。可以说，演示是一种顾客喜闻乐见的方式，演示的结果也会对顾客产生强力的引导。

1. 吸引顾客的注意力

顾客有时并非心甘情愿地接受推销，有时对所推销的产品已经有了一定的了解，或者他们对你的推销说明并不感兴趣。任何人都有心不在焉的时候！当顾客在倾听你的推销说明的时候，很容易走神而没有参与你的积极会谈，你的当务之急是如何将顾客的心思引入正题。这时你就必须有生动活泼的推销演示，它可以吸引顾客的注意力与兴趣，并且使之保持时间更长久。这是演示技巧的主要优点之一。

顾客的兴趣是推销活动顺利进展的重要条件之一。如果演示制作得较为精美，就能使推销产生更强有力的效果。

2. 聚焦顾客的关注点

演示能使推销更直观。当你想向顾客解释产品的正确使用方法时，显而易见，生动的演示远比口头说明更容易令顾客了解。同时还可以运用一些信号和其他的声音。这比单独运用一种媒介能产生更好的效果，容易引起顾客的共鸣。

同时，在市场上，有些产品或服务的推销是相当复杂的。这就要求我们在推销时要有创造性的演示方法，通过自己的推销说明与演示，使顾客能清晰地了解产品的性能，从而将产品推销出去。

所以，同单纯的语言推销相比，演示使推销更具有直观性。这种直观性能使顾客对一些比较复杂的问题，或不好用语言说明的问题有更清晰的了解。特别是对一些推销的重点，通过演示更好地展现出来，从而引导顾客关注这些推销点。这样推销的目的就达到了。

有时候，演示以幻灯片、录像带为媒介，使用也方便，可以把它赠送给顾客；随着现代信息技术的发展特别是互联网的迅速发展，网上传播信息的速度加快，并且十分方便，这使得演示具有更强的生命力。一家公司可把演示直接放到网上，推销员在外面可自由使用，十分方便；顾客可直接点击观看，使产品信息传播得更加广泛。

公司和厂家应加大力度制作一些精美的演示片。这些演示要把主要内容都包括进去。同时，可把演示分为几个片段，供不同的顾客群使用，这样使演示既有很强的针对性，又有一定的适用性。

引导顾客参与体验

就一般常识而言，推销员在向顾客介绍和推销自己的产品前，是要向对方出具关于产品的所有文件的，比如合格证、使用说明书等。目的就是要让对方完整地接受你的方案或产品。如何做到这一点呢？举个题外的例子吧：

苏联有一位画家每次给小说画插图时，总是在一个角画上一只狗。编辑当然坚决要求删除这条不伦不类的狗，画家则"据理力争"，最后才"迫不得已"忍痛割爱。结果，插图的其他部分几乎不会有什么改动就发表了，画家达到了他真正的目的。

画家为什么要多此一举画这只狗？他的目的很明显，在保证画的真正内容不受损害的情况下，给编辑一点"参与"的方便。在日常推销活动中同样可以用这样的方法引导顾客，但知道这样做的人并不多。大多数人为了给对方留下一个美好印象，把那些建议书之类的书面文件搞得尽善尽美，无可挑剔。遗憾的是，这类会让专家点头不已的文件，放到顾客面前后，往往毫无效果。

为什么呢？完美文件的制作者或许精通自己手中的商品或方案，却不懂得人性的特点之一是喜欢参与！推销员若能巧妙地利用顾客喜欢参与的心理加以引导，往往会使顾客爽快地做出购买决定。如下例：

一个靠推销装帧图案给纺织公司的生意人，盯上了一家大纺织厂，并决定把它列为目标顾客。他每星期跑一次，整整跑了三年，但连一幅设计图案都没有推销出去，对方老板总是看一看草图，双手一摊，说："很抱歉，先生，我看今天我们还是谈不成。"

后来，这位生意人改变了推销方法，他故意带着未完成的装帧草图，再次去见那位老板。"我想请您帮个忙，如果您愿意的话。这里有一些未完成的草图，希望您能指点一下，以便让我们的创作者们根据您的指导来完成它。"

这位老板答应看一看。三天后，这位生意人再次去见那位老板，老板中肯地提了意见。而后，根据老板的意见，艺术家们修改了图案。结果，这批设计图案全部被这位老板收购了。从此，这位生意人用同样的方法，轻松地推销了许多图案！

我们无需对"让顾客参与"所形成的引导力量感到惊讶。事实就是这样，很多人因为不善于运用它、不注意它而四处碰壁，而善于运用它的人则轻而易举地获得了佳绩，这就是两者之间的差别所在。我们还可以看看下面这个例子：

有一家大医院要增购一台 X 光仪器。许多推销员都去拜访负责鉴定 X 光仪器的主治医生，夸耀自己的仪器是全美最好的。只有一家公司的推销员希望这位主治医生能来公司为他们的仪器提出改进意见，并称届时派人专程来接。

这位主治医生起初感到十分惊讶，同时也感到极大的荣幸，因为从来还没有一个 X 光仪器制造商征求过他的意见。这立刻使他觉得自己身价倍增，尽管那个星期的日程已经排得满满的，但他还是取消了一个重要的应酬前去看那部仪器。

"我感觉并没有人推销那部仪器。但我反而觉得非常有必要去看看，结果它的质量真的不错，我买下了它。"这位主治医生事后这样说。

对于一个专业推销员来说，如同必须熟练运用其他引导技巧一样，尽力创造条件，让顾客参与你的工作也是必须熟练运用的引导技巧。这样可以使顾客懂得商品的真正价值，更深刻地体会到自己拥有某一商品的实实在在的好处，从而果断地做出购买决定。

帮顾客找到产品的价值

当销售人员在进行产品推销时，如果质量没有问题，那么，影响顾客购买的原因多半是价格问题。遇到顾客嫌产品太贵的情况时，一定要耐下心来给顾客一个合理的解释，告诉顾客正是由于这些与众不同的优点带来了高的价位。你可以做这样一个比较：花5元钱买一个灯泡，用了一年就坏掉了，比花8元钱买三年都不坏的灯泡，哪个更划算呢？这样，就打消了顾客对于产品价格方面存在的异议。

作为一个销售员应该知道，质量好的产品成本要比那些质量差的产品高，在售价方面自然也就相对要高许多。但是，大部分的顾客并不认同这个观点，认为这只是商家为了提高价格赚取更多的利润而找的一种借口。所以，他们通常会质问销售人员："为什么这么贵？""为什么你们的产品就要比别人贵这么多？"面对这种情况，销售人员一定要把握好分寸，运用一定的技巧来化解。比如：

有一位顾客走进了一家家用电器销售店。

售货员打招呼问道："你好，先生！我们这里有你需要的电器吗？"

顾客表示想买一台XX牌的电风扇。

售货员将所有的这一品牌的电风扇介绍给他。看了之后顾客表示："看起来都不错，但就是价格有点偏高！"

售货员解释说："你说的一点没错，刚开始的时候我也和你的想法一样。但是经过这么长时间的经营和销售，这个XX牌的风扇质量相当靠谱，出现质量问题的概率非常小。如果你去买一台便宜点的电扇，质量得不到保证，以后光维修费就可能是一个庞大的数额！

所以综合比较起来，我认为这种电风扇的价格还是比较合理的。你觉得呢？"

最后，顾客认同了，买卖也很快成交了。

上面的销售员在顾客提出关于价格方面的异议时，先对顾客的想法表示赞同，使顾客感受到了来自销售员的理解和尊重，然后再亮出自己的观点，为说服顾客做好了相关的准备工作。当顾客得知产品的价格高是由于质量好的原因之后，也就不存在什么异议和疑虑了。

当然，在销售过程中帮助顾客释疑是有多种方法的，比如：

一位销售员通过下面的方式来推销他的化妆用品："你好，欢迎光临，现在我们店里正在搞促销活动，这款化妆品是买一赠一的，你可以先过来看一看，这款 200 毫升 45 元，还赠送你一瓶 100 毫升的补水面膜。"

听到售货员介绍后，顾客说："可是，据我所知，XX 公司也在进行产品的特价活动，不仅量要比你们的多，而且价格也要实惠很多。那你们的产品凭什么比人家的贵呢？"

这时，任凭销售员如何强调自己商品的质量要比他们的好很多也无济于事了。

本来这位销售员已经成功唤起了顾客对于产品的兴趣，可是却因为缺乏合理的解释，最终失掉了这位潜在的顾客。如果销售人员能够换一种解释方式，可能顾客就会非常乐意地接受产品了。

比如，可以这样说："的确，他们的产品价格是要比我们的便宜一些，但是如果就产品的特点来考虑，我们的产品会更适合你的肤质。像你的这种皮肤，每天只需要一点，就可以完成对皮肤的保养，方便、简单。而且，我们还给你赠送一个补水面膜，在每天睡觉之前使用，对于你的皮肤保湿更加有效。还有，一般情况下我们的产品可以使用两年，一共才 45 元，既经济又实惠。"

那么，这位顾客就可能被你的介绍所打动。

先向顾客展示产品的好处，然后再提及价格，让顾客亲口承认自己的产品价格确实是不贵的，这样一来，顾客便会乐意购买产品了。

在销售中，不管是考虑产品的质量，还是考虑产品的价格，顾客最关心的一个问题，永远都是自己的利益。当你进行产品的报价时，不管你提出的价格是否真正合情合理，顾客总是会说一句话："你的产品太贵了，能不能再优惠点。"当你遇到这种情况的时候，你应该如何巧妙地为他讲解产品并不贵的理由呢？

遇到这种情况，销售人员一定不能直接否定顾客，回绝或者指责顾客，这样的做法无疑是把顾客拒之门外。顾客说出这样的话自有他的道理。如果销售人员能够站在顾客的立场上进行换位思考，考虑他的所想并认同他的感受。那么很快就会赢得顾客的好感，随后再把产品价格贵的原因告诉他。"一分价钱一分货"的道理，顾客其实是非常明白的。这样一来，顾客就会很乐意接受这个高价位了。

如遇到总是觉得"你的产品太贵了"的顾客时，也可以考虑这样回答：

"价格有点贵不假，不仅是很多顾客这样认为，甚至连我自己都觉得有点贵了。但是，根据我们的顾客回馈记录来看，很多顾客在使用了我们的这种产品之后都有了很大的反响。他们发现，我们的这种产品不仅质量好、效果也不错、经久耐用，而且服务也是相当到位，从整体上来看，其实不仅仅是为你们增加了利润，还节省了一些不必要的维修费。对于这样的产品，相信每一个购买的人都会满意的。"

当顾客对销售员的报价产生强烈的不满情绪时，销售人员首先要稳定住顾客的情绪，通过采用一些合适的方法，让顾客自己说出他认为最满意的价格。再把这两种价格进行比较，算出差额，然后主要在差额上动动脑筋，只有这样，才能够比较轻松地攻破顾客心中的价格壁垒。比如：

一位顾客向销售员抱怨："你们产品的价格实在是太高了，甚至有些离谱。"

销售员问："那你能接受的价格是多少?"

"不超过 1 万元。"顾客回答。

对此，销售员做了这样的解答："你的价格和我们的价格相差了整整 2000 元。这也从一个侧面说明了你已经对我们的产品进行了充分的了解，而且信任我们的产品才会选择。当然，你也一定知道这款制作面食的效率往往是一般机器的 2—3 倍，只需要短短几个月的时间就能够帮助你把机器的差价挣回来。我想，对于这种能够创造高利润的机器，你一定不会放弃的吧。"

如果你能这样解说，相信顾客一定不会再和你计较价格了。

请记住，作为一名销售人员，真诚的劝说，要比那些虚假、漂亮的言辞更能获得顾客的心。只有合理地劝服顾客，让顾客对产品完全放心，顾客才会购买你的产品。

增强顾客对产品的认同

在面对顾客的时候，要让顾客自愿停下正在做的事情，听自己介绍产品，只有一种可能，你所说的一切都让顾客听了感兴趣。

而我们又都明白销售人员在向顾客销售时，实际等同于与一个利益对手在做面对面的谈判。倘若顾客感兴趣，销售活动就易于展开，因为销售人员与顾客之间起码有共同语言。

因此，如何引起顾客的兴趣，并且是对所销售产品感兴趣，这一点至关重要。这关乎后面进一步的产品销售，不然，销售行为就是不成立、不成功的。作为一名销售员，人和产品如果都没能引起顾客的兴趣，无疑是失败的。

其实要想引起顾客的兴趣，很简单，那就是让顾客好奇，从顾客的兴趣出发，结合产品特点让其对产品产生好奇心理。唯有这样，人们才会进一步接受我们的销售要求，才有机会更全面地展示产品，从而完成销售任务。

科比是一名女性内衣销售员。他对朋友说："我承认，作为男性，当我向一位女顾客介绍产品的时候，很容易遭到白眼或者无视，但是随着销售经验的增多，我慢慢掌握了一些窍门，甚至发现了一些男性推介女性用品的好处。"

实际上，科比已经是一位业绩斐然的优秀销售员了，我们可以重放一个科比的售货场景：

一位女顾客走进了店里。科比先是远远地观望了女顾客一会儿，当女顾客稍稍在一排睡衣前驻足了一会儿时，科比走上前去。

"你好，小姐，请问你是需要睡衣吗？"

"啊，是。"面对科比的出现，这位女顾客显然有些吃惊。

"那么需要我为你介绍吗，或者你可以告诉我你的一些要求。"

"嗯，你介绍吧。"

"好的，这几款都是100%纯棉的睡衣，是店里新到的款式，非常舒适。"

女顾客点点头，打量着科比介绍的那几款纯棉睡衣的款式。

"我们这几款花色卖得很不错，有些码号都已经断货了，请问小姐大概穿几号呢？"

"嗯，我想要中号，但这两种花色，我不知道哪一个更适合我。"

"噢，"科比仔细打量女顾客，女顾客也配合地将睡衣在自己身上比划给科比看。

"嗯，我觉得紫色典雅大方更适合您。"

"那中号是否会有些大？"

"完全不会，睡衣宽松一点会舒适许多，并且纯棉多次洗涤之后会有一定的缩水，中号的即使缩水也会合穿。"

"哦，是的，我以前的睡衣现在就小了。"

接着，相当顺利，科比完成了销售，他将女顾客送到门口，从女顾客的表情来看她十分满意科比的服务。

"你怎么知道她喜欢紫色？"同事饶有兴味地问科比。

"她穿着颜色非亮暗，包包的颜色也是暗色，所以她喜欢的颜色可能偏暗色。"

"那你又怎么知道她喜欢纯棉的睡衣？"

"从她的打扮上就可以看出来，她的衣着不张扬且很舒适，是一位追求品质的女性。"

让顾客对产品产生情感上的认同感的重点就是在要销售的产品和顾客之间找到一个连接点，这个点就是产品与顾客的共通点，即产品的哪些特征可以很好地凸显顾客的品位。科比由对女顾客的打扮来判断对方会喜欢纯棉的睡衣，由此在第一时间吸引住了女顾客。

如果要在这一点上达到理想的效果，需要：

1. 设计一个有吸引力的开场白

对销售存有抗拒感，这是顾客在每一次销售过程中都会有的感受。在信息时代，销售资讯泛滥，人们对销售言辞产生抗拒感可以算是一种正常的现象。因此，准备一个能够吸引顾客注意的开场白是解说技巧当中的一种。而什么样的开场白能够吸引顾客，这应当针对不同顾客进行不同设计。新型销售模式要求销售人员务必在销售行动之前做足功课，这当然也包括设计一个针对要拜访的潜在顾客的开场白。

而无论是何种方式的开场白，目的只有一个，那就是引起顾客对产品的注意。

2. 制造出完美的销售制胜点

同样一款产品对不同顾客的吸引是不同的。为了使产品对顾客的吸引力最大化，销售员除了要了解顾客的情况以外，还要结合自己所销售的产品特点，两者合二为一才能制造出完美的销售制胜点。

3. 提高自身的专业素养

除了产品以外，销售人员还应当积极兼顾自身的塑造，这等同于为产品增加吸引顾客的筹码。顾客对我们所销售的产品感兴趣，不仅是因为产品能够给他们带来效益，而是在这之前他们还需要我们的服务与帮助，销售人员的优异表现能够为产品增值加码，没有销售人员的存在，顾客恐怕很难单纯对某产品感兴趣。

推销人员如果掌握了以上的推销技巧，无疑会拉近自己与顾客的距离，让他们产生购买愿望。

·第三章·

积极引导顾客的购买行为

在消费的过程中，顾客与商品之间隔着一道无法逾越的鸿沟——面对你的商品，除非需求，否则顾客没有购买的理由。那我们需要做的就是在顾客与商品之间搭一座桥，建立一种联系，给顾客一个购买的理由。

用提问控制局面

在销售中，只有懂得巧妙地提出问题，才能够在和顾客的沟通中很好地控制住局面，最后成功说服顾客。因为说服的艺术并不在于你来我往地各抒己见，而更多的是隐藏于一问一答的过程之间。提出相应的问题，可以诱使你的谈话对象去仔细地思考，然后再说出他的意见与看法。

有这样一个关于"提问引导"的实验：

让人们观看关于一场车祸的幻灯片。其中一张幻灯片里有一辆红色的达特桑在一个黄色的让行牌旁。然后有人被试问："你有没有看见别的车经过停车牌旁边的达特桑？"结果，大部分人都记成了达特桑旁有一个停车牌，而不是让行牌。研究人员的口头信息、词汇以及问题改变了人们对于所见的记忆。

用提问来引导的隐秘说服力，从这里可见一斑。我们进行隐秘说服的目的就是要以令顾客做出某种行为（购买、尝试、捐赠、投票等）为目标，在他们的脑子里制造一些印象。使用恰当且有力的词语，配合正确的问题可以操纵别人的想法，最后，顾客就照我们希望的那样去做了。为此，需要学会进行有效提问。如何做呢？可参照下面的做法：

1. 主动式提问

主动式提问是指销售人员通过自己的判断将自己想要表达的主要意思说出来。一般情况下，对这些问题顾客都会给予一个明确的答复，看下面这个洗发露销售人员是如何提问的：

销售员："现在的洗发露不但要洗得干净，而且还要有一定的护发功能才行，是吧？"

顾客回答："是的。"

销售员："为了能够护发养发就要合理地利用各种天然药物的作用，从而在洗发的同时做到护发养发，这种具有多种功能的洗发水您愿意用吗？"

顾客："愿意。"

这样，销售员就水到渠成地引导顾客将关注的焦点放在了推销的产品上。

2．反射性提问

也称重复性提问，就是以问话的形式重复顾客的语言或观点。例如："你是说你对我们所提供的服务不太满意？""您的意思是，由于机器出了问题，而给你们造成了很大的损失，是吗？""也就是说，先付50%，另外50%货款要等验货后再付，对吗？"

这样的提问通常会得到顾客肯定性的答复，从而让交流顺利进行下去。

3．指向性提问

这种提问方式通常是以谁、什么、何处、为什么等为疑问词，主要用来向顾客了解一些基本事实和情况，为后面的说服工作寻找突破口。如："你们目前在哪里购买零部件？""谁在使用复印机？""你们的利润制度是怎样的？"

4．细节性提问

这类提问的作用是为了促使顾客进一步表明观点、说明情况。但与其他提问方式不同的是，细节性问题是直接向顾客提出请求，并请对方说明一些细节性问题。例如："请您举例说明你的想法？"

"请告诉我更详细的情况，好吗?"

5. 损害性提问

这种类型的提问，其目的是要求顾客说出目前所使用的产品存在哪些问题，最后再根据顾客的回答情况来说服顾客。例如一位复印机推销员问潜在顾客："听说你们当前使用的这种复印机复印效果不太好，字迹常常模糊，是吗?"显然，这类问题极具攻击性，如果使用不当，很可能会引起顾客的反感。所以，在提出这类问题的时候，一定要注意用词和语气的委婉，并要充分考虑顾客的承受能力。

6. 结论性提问

这种提问是根据顾客的观点或存在的问题，推导出相应的结论或指出问题的后果，诱发出顾客对产品的需求。这类提问通常使用在评价性问题和损害性问题之后，例如：当顾客对问题进行肯定回答之后，复印机推销员便可以接着使用这种结论性的问题："用这样的复印机复印广告宣传材料，会不会影响宣传效果?"

销售人员想要提问的问题千万不能操之过急，要审时度势地提问，不能让顾客觉得你是为了问问题而问问题，要起码保持双方交谈的兴趣，在这个基础上按照自己的意愿主导交流沟通的方向。因此，提问的时机是非常重要的。如果你着急要提问问题，一定要等对方把话说完之后再接着提问，否则不仅会打乱对方的思路，还很有可能破坏对方回答问题的兴趣，这样容易失去提问的主动权。

此外还要注意穿插一些和问题无关的话题，这样才不会引起顾客的反感。而每次提出的问题要有连贯性，否则最后你会搞不明白顾客到底需要什么。同时要注意观察顾客的情绪，如果顾客很乐于交谈就尽量多提问，如果对方并不愿意多说话，你的提问只会带来相反的效果。

　　总之，提问是销售沟通中经常运用的语言表达方法，通过巧妙而适当的提问，可以摸清对方的需要，把握对方的心理状态，透视对方的动机和意向，启发对方思考，有利于说服对方接受你的建议，增大成交的概率。

用概念创造感觉

"销售人员必须创造一种感觉",这是一位资深销售经理对部下的忠告。他说,销售人员不能仅仅把精力放在产品上,还要注重顾客的心理体验,尤其是在销售过程中要创造一种情境,让对方得到一个新奇精准的概念,从而意识到潜在的价值,或满足自己某方面的需求。

注重概念的推销是销售人员必须具备的一种理念。实际上,真正优秀的销售人员在工作中会忘记自己推销的产品,专注于推销概念。经验表明,先让顾客接受你的概念,才能让顾客接受你的产品。所以,要想在商战中取胜,除了你推销的产品有特色或者品牌吸引力之外,最好能具备一种独特的理念。如此一来,即使面对强大的竞争压力,你也能在品牌过剩、产品严重同质化的情况下抓住顾客的心,最大程度上提升自己的业绩。

在推销汽车的时候,吉拉德总是千方百计要每一位顾客都"闻一闻"新汽车的味道。而当顾客闻过新汽车的味道之后,大多会表示汽车的味道并没有什么独特之处。这时候,他会奉上自己独特的理解:"所谓的'味道':就是开心无比,风光无限;就是和太太、孩子一起郊游时的快乐;就是亲戚朋友的祝贺和羡慕。这个味道是您的生活,您的事业,是您的爱情和您所有的美梦。"

很多时候,顾客害怕踏上一辆新汽车,也不愿意试一试新车,因为他们会担心自己欠下销售人员的债,到最后不买也不行。这个时候,吉拉德就会把顾客推上驾驶座的位置,让他们能够近距离地闻闻新汽车的味道。

一旦顾客的手握住了方向盘，吉拉德就会接着告诉对方：这辆新汽车可以带你去任何你想去的地方。倘若顾客就住在附近，吉拉德就会说服对方把车开回家去，这样太太和孩子们也能看一看新汽车了，而那时候，邻居们也会站在门口张望——为了看一眼新汽车。

吉拉德很少向顾客解释车的车型，也不告诉顾客发动机用了哪个牌子。只是告诉顾客一种概念——新车是有味道的，帮您吸引更多人的关注，是身份地位的象征。他让每个人相信，只要能买下这辆车，就能开着它到处炫耀，这往往是顾客下定决心不再动摇的根本所在。

虽然，产品在推销过程中占据重要的位置，但是销售人员应该学会忘掉产品，因为对于顾客而言，产品的概念往往比优良的质量更有吸引力，也更有保障。

概念的说服力比语言的说服力要大上很多倍，如果打通了顾客的心理防备，即使产品在一定程度上存在不足，也会被顾客主动忽略掉。所以，一名优秀的销售人员要懂得在销售中运用概念的力量，同时要能利用简单的数字帮助顾客理解概念，这样顾客对概念才能有深刻、透彻的理解。最重要的是，顾客会对概念有一种认同。

其实，销售人员细致地向顾客介绍产品的功能、型号、材料或者售后服务等各个方面，都是为了能够引起顾客对产品的关注，从而达到销售的目的。但是，如果能为自己的产品设计一种独特的理念，这个理念并不是别的产品能轻易替代的，就能满足顾客"这是最特别的"的心理，会帮助销售人员轻易实现推销的目的。

另外，"概念"不能只靠销售人员的解说，如果能引导顾客体验商品，不论是销售人员亲自示范还是顾客亲身试用，都能在真实情景中为顾客加强概念，从而提升推销工作的实际效果。毕竟面对顾客的反复询问，实例才是最有说服力的。

用人情加深好感

做生意离不开人情，离开人情，生意也做不大，所以聪明的销售人员总是想方设法与顾客搭上关系，增进彼此的感情，把人情做透。

哈佛商学院的罗斯教授曾说过这样一句话："将未成交的顾客当成爱人，将已成交的顾客当成家人。"这句话强调了销售中销售人员要与顾客处好关系，把人情做透。

事实证明，与顾客建立交情深厚的关系是极为有效的一种促销手段。可以说，情谊是彼此交换想法，并达成一致意见和感情日渐深厚的一个重要标志，是实现成交目的的一项重要保障。因此，销售人员要把这种手段当作一种成交捷径，有意识地运用它。

几年前，杰克购买了一所大房子，房子虽说不错，可毕竟是一大笔钱，以至于付款后总有一种买贵了的感觉。就在全家搬进新居两个星期之后，房产商打来电话说要来拜访。

杰克不禁有些奇怪。早上，房产商来了，一进屋就祝贺杰克选择了一所好房子。之后他和杰克聊了起来，他给杰克讲了许多当地的趣闻，他还带着杰克围着房子转了一圈，说明杰克的房子如何与众不同。他甚至还告诉杰克附近有哪几个住户大有名气。这一番话让杰克疑虑顿消、心情大好。

此时，这位房产商表现出的热情甚至超过卖房子的时候。房产商的热情造访让杰克大受感动，一颗不安的心平静下来。杰克确信自己买对了房子，很是开心。从此他们成了朋友，彼此间的关系远远超越了买卖关系。

房产商用了整整一个上午的时间来拜访杰克而没有利用这段时间去寻找新的顾客,他这么做吃亏了吗?没有!一周后,杰克的一位朋友对杰克房子旁边的一栋房子产生了兴趣,杰克便介绍他去找那位房产商。杰克的朋友虽然没有买那座房子,却从那个房产商那里买了一处其他的房子。下面这一则是美国著名推销大师坎多弗尔在佛罗里达州讲的故事:

早晨,一位年纪较大的妇人来到我们店里,她是我们店的老主顾丽塔夫人。她看中了一枚钻石胸针,便开支票买下了。我在给她包装好后便跟她闲聊起来。我告诉她,我自己也喜欢这枚胸针,这胸针上的钻石产自南非最大的钻石矿,是我们店里最好的,希望她会喜欢。

听完这话,她感动地说,她自己一开始还特别担心,那钻石是否货真价实,现在完全放心了,并谢谢我跟她讲了这些。刚过一小时,她又带来一位顾客,原来两个人住同一家公寓,她把我介绍给她的朋友,夸我跟她亲儿子一样,要我陪她朋友在店里瞧瞧。她虽然没买什么昂贵的东西,却也花了些钱。送她们两位出了门,我想,今天不仅生意好,还结识了两个新朋友,这是最主要,也是最开心的。

在成功地销售完商品之后,再用热情的语言、诚挚的行动和对方沟通与交流,就会和顾客建立感情。随着情谊的不断加深,或许你会得到意想不到的结果。聪明的销售人员总会让顾客感受到自己语言和行为的魅力,不但能从自己这里能得到实惠,还能像朋友一样地沟通感情。要记得,有打折、优惠、物美价廉的好产品时千万不要忘记打电话,把好消息告诉你的老顾客。让他感觉你不但在工作上认真,和他感情也不错。

当他购买称心如意的商品时,再送一些小礼品如贺卡之类的东西，这些小饰品尽管是你自己购买的，也要说是厂家给员工赠送的。这样会"快马加鞭"，让你们的关系更温暖、融洽。通过人情＋利益的模式，你就会在对方的心里烙下很深的印象。下一次还怕他不来你这里买东西吗？他不但自己一定要买，还可能亲戚朋友都将成为你的顾客呢。

用"威胁"打破抗拒

几乎所有人都有过这样的经历,当受到批评时,难免会产生一定的抗拒心理,如果能够合理地利用人们的这种心理,就会很容易改变某些人的顽固心理。如果在一个房间的墙壁上贴上"不准进入"的纸条,也许会有更多的人想进到房间里看看究竟。

同样,在推销活动中,如果销售人员适时地告诉顾客"我不卖了",那么顾客购买的欲望也许会更大。所以销售人员要变得聪明,碰到态度恶劣的顾客时,有时可以试着态度强硬一些。也就是,销售人员应该适当学会说"不"。

有些顾客对于产品的挑剔简直让人无法想象,他们在要求高质量的基础上,还希望能有很低的价格。销售人员此时要做的就是:告诉顾客你的产品价高是因为有质量保证。如果对方还犹豫不决,那么就不妨直接告诉他,如果不能接受你现在的价格,那么你就不卖了,希望下次能有机会合作。

销售员小肖自从做销售这一行以来,销售业绩一直很好,甚至在很多时候,别人卖不出去的产品,她都能很顺利地推销出去。在被问到为什么能这么容易地完成销售时,她说了这样一段话:"事情其实说起来也没有那么难,在推销过程中,双方地位应该是平等的,很多销售人员都把自己的地位降得很低,面对顾客就是服从、服从再服从,这样的推销方式肯定不行。你要变得比顾客更聪明,要站在平等的基础上,介绍给顾客一个合理的价格时,适时地传达出'超过这个价格范围我就不卖'的意思,那么顾客的心理就会被矫正过来,对于产品,他们可能就会欣然接受。"

从小肖的话里我们不难看出，适当地向顾客传达"我不卖"的信息是很重要的，当大多数的销售人员普遍说"是"的时候，由于你给顾客留下的这种与众不同的印象，你被选择的可能性也许会更大。在谈判过程中，销售人员一定要学会适当使用"威胁"。只要运用得当，无疑会对你的销售工作起到良好的促进作用。

杨峥是一个建筑公司的业务员。他最近接手了一项非常大的工程项目的谈判工作，公司给出的谈判价格是8.6万元，而业主给出的价格是7.5万元。经过一段时间的谈判，业主提高到了8万元，但公司的价格底线却是8.4万元。

这该怎么办呢？这时候，杨峥站起来对谈判做了总结性发言，他说："我看这样好了，我想谈判不应该就这么完了，我们在价格上都花了这么长时间了，并且我们的价格已经非常接近，双方都能接受，如果因为0.4万元的分歧使谈判破裂那是我们双方的耻辱。"

对方显然心动了，最终，他们说："那我们折中怎么样？"杨峥显得有些迟疑，说道："折中，什么意思？我要8.4万元，你给8万元，你说你会涨到8.2万元，你是这个意思吗？"

"是的，"对方说，"如果你能降到8.2万元，我们就成交。"杨峥又说："8.2万元听起来比8万元更合适一些，这件事，我得同上级领导商量一下，看看他们的意见如何。我明天给你回话。"

第二天杨峥对谈判对手说："哦，真不好意思，领导们态度强硬！我本来相信自己能让他们接受8.2万元的，但我昨天晚上花了两个小时——又过了一遍数据，他们坚持说如果比8.4万元少一分钱，我们就会亏本，也就是说如果低于这个价格，这单生意我们就不做了。"最终，这单生意以8.4万元的价格成交了。

虽然每个销售员都希望尽快促成交易，但是很多时候，成交不可能那么顺利，这时候，有必要玩些套路。适当的时机下，"威胁"顾客"我不卖了"就是一种重要的套路，如果时机掌握得好，会"迫使"顾客听从你的引导，促成交易。

欲擒故纵消除逆反心理

销售人员都知道，在销售中，顾客经常会出现逆反心理。实际上，逆反心理是每个人都有的，是与生俱来的，这种心理是人们为了维护自己的立场，对对方的要求采取相反的态度和言行的一种心理状态。在物理学中有这样一个阐述：每个作用力都存在一个与之大小相等、方向相反的作用力。实际上，这种表述也适合于逆反心理。

可以这样说：顾客就是销售过程中和销售人员的力相反的力。顾客也是普通人，也同样会产生逆反心理，越是难得到的东西就越想得到，越是难知道的事情就越想知道，越是难以发生的事情就越想它马上发生。

而在销售中，销售人员越是极力推荐一种商品，顾客反而有很高的警惕性，销售人员越是热情和认真，顾客反而会越想离开。销售人员如果能把握好顾客的这种心理，就能在销售中赢得很多可能原本注定要失去的生意。这也就是欲擒故纵法。

早在 1993 年的时候，就有厂家学会利用顾客的逆反心理进行促销。当时，全国洗涤化妆用品交易会在南京举行，各厂家纷纷聘请公关小姐、模特，甚至聘用乐队展开促销，而某牙刷用品厂则聘请了一位身体健康、慈眉善目的老太太做公关。这一招反而吸引来比别的厂家更多的眼球，一个下午就成交了上百万的订单。

这就是很好地利用了人们的逆反心理，看惯了漂亮的模特做展示，突然出现一位老太太，好奇心促使人们对这家厂商和其生产的商品有更多的关注。可见，顾客普遍都存在逆反心理，而和逆反心理相伴随的就是好奇心理，正确利用顾客的逆反心理，通常能在促销活动中出奇制胜，不会耗费销售人员过多精力和代价，就能在业绩上有很大作为，何乐而不为呢？看下面两则事例：

美国有一个叫何力的店主，故意在自家的饭店门上挂一个自贬词意的招牌，这个招牌是"糟糕饭店"。经营了一段时间后，何力觉得还不上瘾，索性在大门两侧竖起大广告牌："请跟苍蝇同坐""菜式难看，服务更差"。然而，开业多年来，他的经营范围不断扩大，营业额直线上升。实际上就是利用"自贬"的方法，让顾客产生逆反心理，引起对方的好奇心，店里的生意自然就好了。

莫奈在一家汽车公司做销售员，一天一位先生来看车，莫奈在得知对方原来的车用了很多年，很多汽车销售员都曾上门推销过车子，但是他都没有接受。莫奈在大脑中迅速运转：他没有接受别人的上门推销，一定是对他们的服务不够满意，毕竟现在的汽车市场差别不大；一定是有什么地方惹怒了他，他才不和别的销售员做生意。

莫奈试探地问："先生，那么多销售员的上门推销您都没有接受，相信对您的老车有很深的感情，想必要再用上一年半载才会换车吧。要么就是您的老车还好好的，现在换车未免太可惜了些。其实要是这样的话，您可以记下我的电话，有什么需要的话直接打电话给我，我可以上门为您服务的。"

这位顾客一听，觉得莫奈反而比较值得信赖，坦白说："其实，上门推销的那些人一门心思只想把他们的车卖给我，没有一个问过我为什么换车，也没有人关心过我是不是真的该换车。其实我本身是真打算换一辆车的，这样，你先把几个车的资料拿给我看看，然后我再看实车，没有什么意外，我就在你这里订车了。"

就这样，莫奈又拿到了一个订单。其实，大多数的销售员不明白顾客的逆反心理，你越是极力推销的东西，遭到拒绝的可能性越大。莫奈从反面出发，并不滔滔不绝地介绍产品，利用顾客的逆反心理和伴随的好奇心，让对方主动提出购买。

作为销售人员，一旦发现顾客有了这种心理苗头，不妨就欲擒故纵，利用人的天性总是想得到不容易得到的东西，反其道而行之，从相反的方向刺激顾客、激发顾客，引导顾客主动向自己伸出橄榄枝。

借助环境左右顾客的情绪

产品销售总是在一定的场所和空间内完成的，这也就是所谓的购物环境。如果能够利用购物环境的威慑力，让顾客主动就范，就能省去很多工夫。

大多数时候，顾客购买商品都有一个犹豫的过程，这个过程太长，很可能生意就泡汤了。如果你是一名店面销售员，就需要想办法在店面环境上下工夫，让店面的环境成为你成交的"助手"。促销的手段是哪个商家都会用的，但是促销和促销的结果却是不同的。在店里挂上这样的促销标语，更能"逼迫"顾客下定决心——"仅此一次，以后再无""最后一天特价销售"，这样的标语会给顾客带去紧张感，让他们觉得这次不抓住机会购买就再也没有机会了。类似的环境营造方法还有很多，只要销售人员能在推销的过程中利用周围的客观环境，促使交易向前推进，那么这个方法就是可取的。

还有几天就是情人节了，销售员晓晓并没有意识到这一点，和往常一样，带着化妆品上门向顾客推销。接待她的是家里的男主人，可是对方并没有把她让到客厅的意思，晓晓简单介绍了产品，他似乎也没什么兴趣，但是既不说买，也不说不买。

晓晓很着急，鼓动了好几次，对方才不好意思地说："我太太不在家，我不好做主帮她买化妆品的。"

晓晓意识到这单生意很有可能做不成，忽然，她看到街边花店的牌子写着"送给情人的礼物——红玫瑰"，才意识到还有几天就是情人节了，于是灵机一动对男顾客说："先生，您看外面的鲜花店都在做红玫瑰的广告了，您这么在乎妻子的意见，一定很爱您的妻子吧？情人结到了，化妆品对于女人来说是一份不错的礼物，如果您能送一套给您的太太，我想她一定很高兴。"

这时，男主人也探出头来看街边，果然鲜花店都在促销玫瑰，意识到情人节需要送礼物给太太。晓晓抓住时机赶紧接着说："情人节每个女人都希望能收到一份礼物，相信您太太也不例外。而每位先生都希望自己的太太是最漂亮的，我想您也不例外吧？"

果然，这位先生笑着问化妆品多少钱，晓晓很快推销出去一套很贵的化妆品。

晓晓十分巧妙地运用了情人节的特殊环境，让男顾客认为不得不需要购买一套化妆品作为礼物送给太太。这就是环境的力量。

本来，顾客并不会轻易就对销售员的说辞就范，但是加之环境的作用力就不同了。销售员需要做的就是为顾客营造一种冲动的环境，营造一种需求，让环境帮助顾客做决定。

琳娜经营一家服装店，自从改变了店面的环境后，她的生意越来越好做了。原来，琳娜的服装店生意并不好，很多顾客看上服装后并不会马上购买，而考虑之后的结果多半就是不买了。

琳娜冥思苦想，终于想出一个办法。她请朋友帮忙为每件服装写了评语，将这些评语贴在店里新开辟的"交流墙"上。一旦顾客看上某款服装，又犹豫不决的时候，琳娜就会领顾客去交流墙看有关商品的评价。这些评价好比给顾客吃了一颗"定心丸"，不少顾客在看过商品评价后选择了购买产品。

琳娜通过改变店面的环境，让虚拟的"顾客"为实际的顾客出主意，顾客在"前辈"的影响下做出购买的决定，是环境的力量改变了顾客的想法和行动。

顾客并不是盲目地就跟随销售员的说辞走，而是有主见的个体，但是每个人都会受到周围环境的影响，特别是面临选择的顾客，更容易受到环境的左右。销售人员如果能够通过改变或者利用周围环境为顾客创造购物需要的话，一定程度上就可以左右顾客的情绪，让顾客不由自主地喜欢上自己的产品和服务。

找到合适的销售套路

看下面这则小故事：

美国有兄弟俩经营着一家不太起眼的铺子，为改变不景气的现状，哥哥出了个主意。再来顾客的时候，哥哥一般在里屋不露面，弟弟在外负责接待。

当顾客挑选货物询价时，弟弟都装作不知货物价格大声向里屋发问："×型男士皮鞋多少钱一双？""十八英镑。"哥哥在屋里回答。弟弟装作耳朵有毛病，又问哥哥："×型男士皮鞋多少钱一双？""十八英镑。"哥哥又回答道。

这时弟弟对顾客说："哦，十五英镑。"听到里屋报价的顾客感觉有便宜可占，立刻付钱拿货走人，可是他哪里知道 X 型皮鞋价格就是十五英镑。通过这样的设计，兄弟俩的小店每天顾客盈门，其中多数顾客都是抱着占便宜的心理前来的。

一个简单的套路就让小店起死回生，生意兴隆，可见兄弟俩的套路玩得很高明。

销售玩套路是十分正常的事，销售本来打的就是心理战，可是要清楚，销售中没有单一的套路能够打遍天下，都是这种套路不行，马上换另外一种套路，不管你是哪种性格的销售员，你会发现，总有一种套路适合你。

下面是销售常用的 10 个套路，用心揣摩，定会有所收获。

1. 单刀直入法

讲解完产品后，感觉顾客有明确的购买意向，可使用直接要求法，但要避免操之过急。"康总，既然您没有其他意见，那我们现在就签单吧。"

当提出成交的要求后，就要保持缄默，默默等候顾客的反应，切忌再说任何一句话，因为你的一句话很可能会立刻引开顾客的注意力，使成交功亏一篑。

2. 利益成交法

先不用盲目去介绍产品，可总结顾客的需求所在，思考自己可以给顾客带来哪些便利之处，然后再将顾客购买产品或者服务所带来的实际利益都展示在顾客面前，以利益触动顾客的内心，促使顾客最终达成协议。

3. 优惠成交法

指销售人员通过提供优惠的条件促使顾客立即购买的一种方法。属于商家常用的方法。在使用这些优惠措施时，需要特别注意下面三点：

①让顾客感觉你的优惠只针对他一个人，使其产生一种占便宜和尊贵的体验。

②不要随便给予优惠，要不然顾客会提出更进一步的要求，直到你不能接受的底线。

③表现出自己的权力有限，需要向上面请示："真是不好意思，依我的管理权限，我只能给你这个价格。"然后再话锋一转，"不过，由于您是我们的老主顾，我可以向经理请示一下，给你些额外的优惠。"这样，交易十有八九就达成了。

4. 二选一法

可为顾客提供两种解决问题的方案，无论顾客选择 A，还是选择 B，都是我们想要达成的一种结果。运用这种方法，就巧妙地避开了"要还是不要"的问题。例如："您选择 A 款，还是 B 款?""您是刷卡还是用现金?"

5. 激将法

激将法是利用某些顾客好奇、不服输的心理而促其做出购买的行为。在激将对方时，销售人员的神情应平静、自然，以免对方看出你在"激"他。

6. 预先框式法

在顾客提出要求之前，销售人员要先为顾客确定好结果，同时对顾客进行认同和赞赏，迫使顾客按自己的说法去做，如："我们这款风衣是专为那些有气质、身材苗条的职场女士打造的，会让那些职业丽人更加光彩照人；也更加自信，我看您，肯定就属于这样的职场精英。"这样一说，多数的顾客都不会反驳自己不是那样的人，自然交易就容易达成了。

7. 从众成交法

就是利用人们的从众心理，诱使顾客做出购买行为。一个顾客看中了一台洗衣机，却没有想好买不买。销售人员说："您目光如炬，这是目前最为热销的一款，平均每天要销一百多台，旺季还要预订才能买到现货。"顾客一听有这么多人购买，所以很爽快地签了单。

8. 因小失大法

就是告诉顾客没有购买本产品或者服务是一个因小失大的错误，通过这种"威胁"和压力，刺激和迫使顾客成交。比如说："如果你不接受这套课程培训，你将无法应付即将到来的艺术考试。"这样的例子，让顾客面临着两种选择，一种是可以得到潜在的利益，而另一种却暗示着很大的风险。

9. 惜时成交法

多数人都有一种"怕买不到"的心理。对愈是得不到、买不到的东西，就越是想得到它。正所谓机不可失失不再来，一旦顾客意识到购买这种产品是很难得的良机，那么，他们往往会立即采取行动。这就是惜时成交法。

通常可以从这几方面去做：

①限数量，比如打出"数量有限，欲购从速"的字样，促使顾客购买。

②限时间，主要是在限定的时间段内才能享受活动优惠。

③限服务，主要是在指定的数量或者时间内才能享受匹配的服务。

④限价格，主要是针对要涨价的商品。

10. 步步紧逼成交法

很多顾客在面临成交的时候，往往会放弃，或者往后拖延。他们会说："我再好好琢磨琢磨""我们商量商量""过一段时间再说吧"。这时，可以先赞同他们：

"买东西考虑好是必须的，我支持您的慎重。您花时间关注这个产品，说明您对它很有兴趣，是这样吧？"然后，再紧逼一句："能告诉我，您要考虑的是什么，是我公司的售后服务吗？还是对我的介绍不清楚？"

不断发问，最后让对方说出他所担心的问题。这时，你只要能解决对方的疑问，成交也就水到渠成了。

·第四章·

用专业素养征服顾客

客户是挑剔的，但是当我们越过了客户挑剔的眼神，真正进入"辅助他们经营管理、市场运作的合作伙伴"的心里范畴之后，我们就真正的实现了厂商双赢的工作使命，而这个过程是一个不断博弈的过程，是一个征服客户的过程。而专业的市场运作技能是实现征服客户最有效的途径。

以专家的身份登场

当你上门推销时，对方听了你的介绍感觉你是个专家，他会愿意听你继续说下去。因为你知道他需要什么，了解什么，而不需要再花费时间去调研，去做一些无意义的咨询。

有一位营销总监去电子卖场，刚进门就被一个年轻的销售员拦住，销售他们的产品。这位总监对产品毫无兴趣，倒是反过来问道："你是做什么的。"只见那个销售员愣了半响，才说道："我是专职销售员。"总监微微笑了笑，然后说："你不应该把自己当作是卖货的，而应该把自己当做导购专家。"

的确，现在的顾客更喜欢专家式的销售员，掌握了正确的说话方式的销售员。

一家传真机公司销售刚刚面世的传真机，虽然产品很有优势，但始终不能打开市场。因为传真机价格很昂贵，大约五六万元人民币，所以买家很少。针对这种销售不畅的实际情况，该公司请一家销售公司的资深推销员来帮助他们将传真机推向一个新的领域，打开市场。

这位推销员通过研究传真机的一些特性，发现传真机有 3 个非常重要的特性，这 3 个特性是当时市场上所有的通信工具和手段都无法替代的。于是他根据传真机的 3 个特性到市场上去寻找必须使用这 3 个特性的顾客以及必须用这 3 个特性来解决工作中难题的顾客。他很快就发现了目标顾客，是一家石油公司。

这家石油公司在太平洋有很多钻井平台，他们每天要派直升机往返两次获得从钻井平台上采集与钻井采油相关的所有数据，再将这些数据通过一种特殊的方式传递到总部，由总部的专家来分析这些数据。可以想象，用直升机每天往返两次到钻井平台，如果是10个钻井平台，就需要很多的直升机。其次，数据要从钻井平台传到海岸，又由海岸再传到总部，整个传递需要很长时间才能完成。于是，该公司根据这些情况向该石油公司推荐了这一款传真机。最后，该石油公司采购了1000台传真机。

这就是由推销人员来完成的专家式销售，它通过发现顾客的问题点，了解顾客的真实情况，引导和理解顾客的现实，为顾客提供解决方案，最终产生了一个非常大的订单，引发了非常大的市场需求。这和一般的销售代表仅仅通过表面现象去发现问题点或者仅仅通过一个问题点就进行强行的销售有本质的区别，当然也会产生绝对不同的效果。

这种专家式销售就是要求销售人员站在顾客的立场上，销售的不是一种产品，而是一种解决方案。在销售过程中，销售人员要成为能令顾客信赖的专家和顾问，能够解决顾客的个性化问题。

如果是家具销售员，这种专家式的销售员就会上门帮顾客测量、设计家具摆放的方案，在购买时，也会给予顾客非常实用的建议。所以，这种专家式的销售要求销售人员真正理解顾客需求，帮助顾客解决目前生活中遇到的一些问题和未来生活的规划。

成为专家式的销售员，给顾客的感觉是你很专业，那么相对于那些一问三不知的销售员来说，这种销售员更受顾客欢迎。同时，专家式销售还能为顾客提出解决问题的方案，这样顾客也容易依赖你。

此外，专家式销售还能提升产品的附加价值。专家式的销售方式，讲求与顾客的互动及进行深度的情感沟通，与交易式、销售式形成了差异化的竞争优势。这种方式更容易吸引和打动顾客，提升了品牌的附加价值，更容易形成品牌忠诚度。

专家式销售的效果尽管很好，却并不容易实施，所以这种销售方式对销售员提出了很高的要求。

首先，销售人员要做好专家式销售，必须从态度、知识、技能各个方面去提高自己，这样才能成功解决顾客提出问题的策略和方案，成为顾客信赖的顾问和专家。

其次，要培养健康积极的销售心态，即不只是光想自己赚钱得利，心里要有切实为顾客着想的意识和行动。

如果销售人员抱着一腔为顾客选购产品的热情，几乎所有顾客都会为之感动的，双方的成交也就顺理成章了。

顾客需要你的产品，但是他不知道你的产品会有怎样的性能；他不知道你的产品解决怎样的问题；他不知道选择哪种产品最好。这就需要你的指导，因为你就是帮助顾客买东西的专家。

用专业的解答说服

在推销活动中，销售人员经常会遇到顾客各种各样的异议，顾客会对产品提出这样那样的毛病或不足。比如：

"你产品的样式我没相中。"

"这款价格太高了……"

"你介绍的产品的那些优点属实吗？"

"这就是一款大路货呀！"

作为销售人员，当面对这种情况时，你会不会感觉很难抵挡，不知怎样回答。顾客好像真的对产品不满意，当你无法说服他时，是否准备放弃？

如果你是一个优秀推销员，你就可以从中看出对方意见中的另一面——有购买意愿，因为正是对方喜欢这个产品才促使对产品有诸多疑问和挑剔。此时正是推销员推销成功的时候。

如果顾客是对产品本身没有安全感，不一定是说你推销的产品真的就存在安全隐患，或潜伏商业欺诈。这种情况，你应该以专家的口吻耐心做出合理的解释，以打消顾客的疑虑。

在某大型汽车展销会上，一名金牌销售员带领顾客参观展品。有一位顾客看了几辆汽车后，在主打产品前停了下来，听了销售员的介绍后，他摇了摇头说："XX 新上市的汽车，和你们主打的这款一样都是小型车，同为五星级产品。但是它排量是 1.6 升，你们这个才 1.4 升，而且你们这个车噪音相对有点大。"

对此，这位销售员解释说："您说得的确没错，看来你对汽车真是了解。那你也一定了解我们车的指标，噪声虽然相对那一款较大，但是仍远远低于国家标准。你可以体验一下，绝对不会影响你的驾车感受。您驾驶我们的汽车，绝对舒适。您再看看我们的汽车，外观上比另外那台更加流畅，也更符合像您这样的年轻白领精英的身份，衬托出您不凡的气质。我们的排量虽然比那台略少，但是动力是足够的，完全适合您在城市中使用。我们这款汽车的设计理念是经济环保，目的是在满足顾客需求的基础上，尽量节省燃料，符合现在低碳生活的节约观念。现在汽油一直在涨价，您选择一辆节省燃料的汽车肯定是个明智的选择，一个月能够为您节省很多开销！您可以把这些省下来的钱做别的投资！而且为了回馈顾客，现在购买可以赠你二年保修期，我保证您买了这辆车，绝对不会后悔！"

一番话，说的顾客连连点头。

这是一次深入说服，也是专家式的说服。销售员销售的产品，和竞争对手相比，在噪声、排量、动力方面存有缺陷，如果单纯地在这些方面比较，这次销售就极有可能遭遇失败。但是这个销售员，却以专家的口吻，扬长避短，突出介绍自己产品的优势：操作舒适、气质不凡、经济环保，引得顾客心理认同。

毋庸置疑，世界上没有完美无缺的产品，更没有完全符合顾客需要的产品，当顾客对产品感到不够满意，他就会提出各种各样的异议。作为销售人员，要辩证地看待问题，要认识到这是推进交易进程的良机，因此要及时抓住契机，给予顾客恰到好处的专业解答。

掌握精准数据"秀秀"你的专业度

在销售行业中，我们经常听到有些销售人员抱怨：为什么我们向顾客介绍产品，真诚的就差把心掏出来了，可他还是犹豫不定呢？实际上，这说明你对产品的介绍并未对顾客起到作用。此时，若你能用一组数据说明产品或者用权威、事实等证据，往往就能打消顾客的疑虑，增加顾客的购买信心。

比如，我们举一个推销员的推销实例：

销售人员："你好，我是 XX 公司打印机顾客服务部的推销员，我这里有你的资料记录，你们公司去年购买了我们公司的一台打印机，对吗？"

用户："哦，有这事！"

销售人员："我给你打电话的目的是，这个型号的不干胶打印机已经不再生产了，以后的配件也比较昂贵，提醒你在使用时要尽量按照操作规程。你在使用时阅读过使用手册吗？"

用户："没有呀，不会这样复杂吧？还要阅读使用手册？"

销售人员："其实，还是有必要的。实在没时间阅读当然也是可以的，但机器的寿命就会缩短。"

用户："我们也没有指望用一辈子，但最近生意比较忙，打印机的任务也就多了一点，如果坏了怎么办呢？"

销售人员："没有关系，我们还是会上门维修的，当然是要收取一定的费用，但比购买一台全新的还是便宜的。"

用户："对了，现在再买一台全新的打印机什么价格，最近的业务量开始大起来了，我还怕以前的那台机器受不住呢。"

销售人员："要看你选择什么型号的，您现在使用的是 R210，后续的升级的产品是 R270，不过完全要看你每个月的使用频率。以你现在的机器的使用情况，我还真要建议你考虑用后续的了，它的承载量是前者的两倍。"

用户："要是这样，你能否给我留一个电话号码，年底我可能考虑再买一台，也许就是后续产品。"

销售人员："好的，对了，你是老顾客，年底还有一些特殊的照顾，R270 型号的渠道销售价格是 10100 元，如果作为 R210 的使用者购买的话，可以按照八折来处理，或者赠送一些你需要的外设，主要看你的具体需要。这样吧，你考虑一下，然后再联系我。我可以将一些优惠政策给你保留一下。"

用户："稍等，这样我要计算一下，我在另外一个地方的厂房里要添加一台打印机。这样吧，基本上就确定了，是你送货还是我们去取？"

销售人员："都可以，如果你不方便，还是我们送过去吧，以前也去过，容易找的。你看送到哪里，什么时间比较好？"

后面的对话就是具体落实交货的地点、时间等事宜了。

在这则案例中，销售人员用不到 30 分钟的时间就再次推销出去了一台打印机。我们发现，自始至终，他的说明都很具体。而正是对这些数据的精通，让顾客折服，相信他的专业素质，从而选择再次与销售员合作。

的确，在介绍产品的时候，一定要显示出自己的专业素质，尽量权威、精确地介绍产品的各个方面，越是精确、越是权威的数字，越能让顾客感受到你的专业，也就越能获得顾客的信任。现在，很多商家和销售人员都意识到了这种方法。

成为自己产品使用的权威

由于人们都有愿意相信和认可权威的心理（虽然这种信任和认可很多时候是盲目的），所以在销售活动中，销售专家利用了这种影响力和人们对之的遵从和认可。如，很多商家在为产品做宣传时，总是不惜高薪聘请一些专家来做产品的形象代言人，就是为了引导顾客消费。这种措施在客观上有力地促进了销售的进度，提高了销售的业绩。

这种"权威效应"也启示销售人员，在销售活动中、在和顾客交流时要模仿专家说话，采用专业性话语，以求吸引住对方。

在顾客心中，专业代表安全、代表优质，更代表自身能够最大限度地获取到的利益。所以，顾客一般都青睐那些专业化、顾问式的销售员。

作为一名销售员，如果在自己的领域里显示出较强的专业性，能够以专家口吻跟顾客交流，就会提升顾客对自己的信任度，就会更容易说服顾客。

以产品介绍为例，通常情况下，良好的产品介绍需要符合 FABE 的要求：F 代表产品的特征；A 代表产品的优点；B 代表顾客的利益；E 代表证据。在给顾客介绍产品时，要把产品的机能、材料、外形、使用性、便利性、价格以及可以给顾客带来哪些便利和利益等，都要说清楚、明白，才算是良好的产品介绍。看下面这个产品介绍：

"诸位请看，这是一款新式调料瓶，瓶口有舌状的倒出口，出口上刻有 5 厘米的沟槽。这个沟槽的用处是防止瓶内的液体外漏，但不会妨碍往里面倒入液体，油、醋、酱油等都可以由此口无障碍地倒入。

"这款调料瓶优点之一是在倒完瓶内所装液体后，不会在瓶口存留所倒的液体，因此看起来十分干净卫生。根据我们的市场调查，这一特点是市场上同类商品不具备的，因此特别难能可贵，有着非常好的销售前景。

"您再看，这款调料瓶的外形是圆锥形，盖子也是圆的，上下一体，给人一种圆润、光洁的感觉。颜色方面，也有蓝、黄、绿三种颜色可供选择，可以说外观时髦别致，既可以放在厨房，也可以放在餐桌和食品柜中。因此，从外形到实用性上看，这款新式调料瓶都堪称完美……"

这个产品介绍比较符合 FABE 的要求，从产品的性能、外形、使用、特色，以及给顾客带来的利益都介绍得十分清楚，顾客也会听得明明白白。

专家式介绍要求销售人员要站在顾客的立场上介绍产品和服务，并给予顾客以专业的解答。但是有些销售人员，为了让顾客觉得自己是这一行的专家、对自己所售产品十分了解，就在向顾客介绍产品时，一味地用专业术语来包装自己，想以此来赢得顾客的好感和信赖。但是这样卖弄专业术语的行为，往往会给自己的销售带来不良后果。顾客会因为这些听不懂的术语与你产生沟通障碍，也会因为这些高深的术语对产品失去兴趣。

石梅进入保险行业快三个月了，虽然经过一段时间的培训，对保险行业的专业术语已经了解得非常透彻了，但是她却一桩生意都没做成。

原来，每当顾客表现出购买兴趣的时候，石梅就会搬出一堆专业术语为顾客做介绍，什么"费率""债权""债权受益人"等，顾客往往被满嘴专业术语的石梅搞得一头雾水，根本不懂她在说什么，最后只能婉转地谢绝。可怜的石梅竟然不知道顾客为什么不选择她。

　　适当地使用专业术语，会突显出专业性，由此更能获得顾客的信赖与支持。所以销售人员一定要努力成为产品的使用专家，并能以专业的口吻为顾客释疑解惑，把顾客吸引到自己的身边来。

提供最专业的解决方案

顾问式销售起源于 20 世纪 90 年代,是一种全新的销售概念与销售模式,在当前非常受顾客欢迎。它是指销售人员站在专业角度和顾客利益角度提供专业意见和解决方案以及增值服务,使顾客能做出对产品或服务的正确选择和发挥其价值。

在顾问式营销过程中同时建立了顾客对产品或服务的品牌提供者的感情及忠诚度,有利于进一步开展关系营销,达到较长期稳定的合作关系,实现战略联盟,从而能形成独具杀伤力的市场竞争力。

传统销售理论认为,顾客是上帝,好商品就是性能好、价格低,服务是为了更好地卖出产品;而顾问式销售认为,顾客是朋友、是与销售者存在共同利益的群体,好商品是顾客真正需要的产品,服务本身就是商品,服务是为了与顾客达成沟通。可以看出,顾问式销售将销售者定位在顾客的朋友、销售者和顾问三个角度上。因此,如何扮演好这三种角色,是实现顾问式销售的关键所在。

简单地说,顾问式销售提供给顾客的不是产品,而是专业的解决方案。销售员不再是卖产品的推销员,而是顾客解决问题的顾问。所以也就回避了价格这个敏感的问题,企业也就不会在价格战的漩涡里挣扎。

让我们来看一位车载导航系统销售人员采用顾问式销售,向某4S 店推销车联网系统的成功案例:

齐国伟是恒晨导航公司的销售人员,多年的工作经验,让他对顾客的各种需求了如指掌。他先向顾客介绍了自己的产品——车联网系统,并展示如何基于车联网系统与顾客进行远程故障诊断、信息发送、顾客关怀等，然后对顾客说："对于4S店来说，现在卖车的利润比较薄，后续保养才是盈利关键，但很多车主对4S店维修费用非常担心，总觉得会乱收钱，所以免费期后基本不到4S店了。如果通过车联网远程故障诊断，随时可以知道车辆状况及需要保养的项目，4S店提前给车主做出一个保养规划，车主相对会对4S店信任很多，一定会成为国内4S店服务的一个突破。"

这番话一针见血，令4S店采购负责人心悦诚服，但是他们最为关心的还是费用问题："我们了解到除了一次建设后台服务的费用，日常顾客人员费用也很高，如此一来，车主会不会拒绝接受安装这种系统？"

齐国伟胸有成竹："的确。除了建立系统外，日常客服、网络等都需要费用。不过，这种新型服务也可以给您带来可观的收入。"

"有可观的收入？哦，我们可以收顾客服务费用。"顾客非常惊奇。

"对，一般来讲，拥有私家车的家庭都属于在城市中收入较高的阶层，是厂家销售的产品的最佳对象。通过上车联网系统，与顾客日常沟通，这是一个非常有利的资源。可以利用该服务平台向顾客发一些商业信息。"

"这是一个好的广告方式。"

"这些广告的收入完全可以支付日常的费用，从经济上讲也非常划算。因此向顾客提供车联网服务是一个一举三得的好项目。4S店可以向车主提供更好的服务，车主行车安全更有保障，广告厂商有一个非常好的广告机会。"

经过齐国伟的解说，顾客茅塞顿开。不久，该4S店开始向恒晨导航公司采购车载服务系统，为车主提供信息服务。

事例中，齐国伟从顾客的立场去分析问题，高屋建瓴地为顾客提供了专业的解决方案，从而获得了顾客的信赖，立即决定购买这款车联网系统，非常痛快地做成了这笔生意。

现代社会的分工越来越细，大家购买产品或服务时，朋友、同事、网上可能会提供一些经验和意见，但是作为买家，顾客往往认为销售人员的意见才更为专业。同时顾客也知道销售人员急于把产品卖出去，因此顾客有理由怀疑销售人员会不会为了将产品卖出去而夸大他的产品？他现在给出的承诺真的能够兑现吗？

顾问式销售模式的建立条件比较严苛，如果销售人员不能取得顾客的信赖，无论说得多么天花乱坠也不能打动顾客。因此销售人员在向顾客提出建议之前应该与顾客建立互信的关系。

建立互信关系的第一步是要进入顾客的视野并树立形象。很多公司能够提供满足顾客需求的产品，但是顾客只会与少数的公司洽谈。顾客选择的依据是对厂家的理解，即厂家在顾客心目中的形象。我们前面谈到的展会、展览会、广告都是市场部门帮助销售人员进入顾客视野并树立形象的好办法。

建立互信的第二步是展现优势并使顾客敞开心扉。顾客在重要的采购中更加慎重，直到觉得这个厂家有优势和价值，顾客才会敞开心扉，谈出他的要求。这时顾客与销售人员的互信才建立起来。

顾问式销售是以顾客动机、需求和利益为导向的。销售人员要明白顾客终极的动机是顾客个人和机构利益的共同点，即顾客本人希望通过这个项目达到什么目的，建立在顾客动机之上的才是顾客的需求。销售人员掌握的是产品的特性、益处和证据。找到顾客的动机和需求，利用自己公司和产品的特性、益处和证据使顾客信服就是顾问式销售的本质。

·第五章·

以优质的服务留住顾客

维护好客户关系，留住核心客户，在平时的服务中就要做到位。让每个顾客都能体会到优质全面的服务。在日常工作中，发挥最大的工作职能，为客户提供最优质的服务，帮助客户的效益最大化。让客户实实在在的得到收益。赢得客户的信任，建立良好口碑。

推销的不仅是产品，更是服务

有许多做推销工作的人员，干的时间不长就很狼狈地走人了，为什么呢？因为他们缺乏长远的眼光，他们在一次推销成交之后就以为推销活动也就结束了，但顾客显然不这么认为。顾客不喜欢那种"恭维他们给他们各种承诺，然后遗忘他们"玩一锤子买卖的推销员。交易完成之后，推销员对顾客又恢复了像一个陌生人的感觉，这只会引起顾客不满。

顾客在购买产品后的使用过程中，同样会对产品的有关问题提出意见，对此推销员应给予足够的重视。那种"货已出门，概不退换"的做法既损害了顾客的利益，同时也损害了企业的形象，也断送了自己的推销生涯。

在推销活动中，顾客对推销服务的不满大致有以下原因：推销前未能向顾客提供足够的企业信息和产品信息；推销中的服务内容、服务质量不能令顾客满意，例如，没有及时提供样品、说明书及耐心细致的产品演示等；推销后的服务中，如顾客所需的信息、运输、安装、调试、指导使用、维修以及技术培训等，未能及时跟上，甚至毫无保证。

推销服务是整个推销活动中不可或缺的、极其重要的组成部分。在购买商品时得到热情周到的服务是顾客的普遍心理，所以推销服务具有重要而深远的意义。一个推销员在直接或间接地提供服务时，它的质量高低，不仅关系到是否能做成一笔买卖，而且关系到整个企业的信誉。

推销员的低劣服务，往往会导致顾客不满，从而使企业丧失利润，而且更重要的是使企业丧失了市场竞争能力，给企业带来巨大的损失。

那么，怎样才能让推销服务为自己争取订单呢？为顾客的服务"打包"是一个有效手段。

这需要在销售工作中制定出一套详细的服务标准，以此来促进员工对顾客进行规范化、标准化服务。制定服务标准应从顾客的需求出发，以优质服务为准则，准则应尽量具体，以便员工执行。

海尔的"12345"法则：1 个证件，上门服务要出示上岗证；2 个公开，公开统一收费标准并按标准收费，公开出示维修或安装记录单并在履行完毕后请顾客签署意见；3 个到位，服务后清理现场到位，通电试机演示到位，向顾客讲明使用知识到位；4 个不准，不准喝顾客的水，不准抽顾客的烟，不准吃顾客的饭，不准要顾客的礼品；5 个一，递一张名片，穿一双拖鞋，自带一块垫布，自带一块抹布，赠送一件小礼品。

服务标准必须让员工理解并接受，这样更便于执行和落实。因此，商家可以发动员工参与制定服务标准，这样可以获得员工的支持和理解。一般认为，评价服务质量主要有以下标准：

1. 可行性

服务标准要既切实可行又有挑战性。如果商家制定的服务标准太高，员工无法达到，员工就会产生不满情绪；如果标准过低，又无法促使员工提高服务质量。既切实可行又有挑战性的质量标准，方能激励员工努力做好服务工作。

2. 感知性

指商家为顾客提供的各种设施、设备，及服务人员的仪表等，通过这些真实、可见的部分来使顾客感受到服务的实质。这些有形的展示会直接影响到顾客对服务质量的感知。

3. 可靠性

可靠性指商家应兑现自己所承诺的服务。在服务过程中，尽可能避免发生失误，应以优质的服务获得顾客认可。

4. 保证性

主要指服务人员的友好态度与胜任能力。服务人员较高的知识技能和良好的服务态度，能增强顾客对服务质量的信任度和安全感。在服务产品不断推陈出新的今天，顾客同知识渊博而又友好和善的服务人员打交道，无疑会产生更多的信任感。

5. 移情性

指商家和服务人员能设身处地为顾客着想，努力满足顾客的要求。这就要求服务人员有一种投入的精神，想顾客之所想，急顾客之所需，对顾客的需求千方百计地予以满足，给予顾客充分的关心和体贴，使服务过程充满人情味。

为服务打包，会有力地促进顾客对产品的认同感，增强顾客对产品的情感，直接地促进产品销售。所以一定要做好为顾客服务的"打包"工作，从这个角度上讲，为服务"打包"胜过为产品"打包"。

严格履行承诺的售后服务

销售工作中，推销人员常常会犯这样的毛病：即在销售前后表现出不同的服务态度，在顾客购买产品之前，对顾客万分殷勤，但在对方交钱后就非常冷淡，对顾客的承诺和服务也拖拖拉拉，敷衍塞责。因此，常有顾客在购买的时候就产生了疑虑："你们能做到售后服务上的保证吗？"

面对这种情况，如果销售人员不积极主动地向顾客保证，让顾客消除购买的后顾之忧，那么就会前功尽弃。要知道，顾客得不到绝对的安全感，县不会购买的。

小关应聘到某电器销售公司，在商场的电器专柜做促销。

"五一"到了，商场的生意很红火，其他销售员都忙得不可开交，可是小关忙了一上午还没开张，原因也很简单，就是不论她怎么说，顾客总是问几个简单的问题，就走开了。直到下午，公司销售主管来商场专柜指导销售工作，小关的销售经过他都看在了眼里。

过了一会儿，有一位顾客前来问小关："我想买一个电饭煲，可听说你们店的电器一直以来名声都不是很好，是因为你们的售后服务很差，是真的吗？"

"不是，您误会了……"

"误会？那你有什么好的证据吗？"

"这，这……"小关一时语塞不知道怎么回答了。面对一问三不知的小关，顾客明显很不高兴，转身要走。这时，销售主管走过来解围说："不好意思，她刚来，我来回答你的问题吧。"

销售主管针对顾客担心的售后问题做了相应的承诺，并拿出了顾客意见反馈表，证明顾客的担心是多余的。最终，他当着顾客的面填写了保修单，顾客打消了心中的顾虑，购买了商品，高高兴兴地走了。

可见，实际销售过程中，我们发现，很多顾客都存在和案例中的顾客一样的顾虑，那就是担心产品的售后问题，甚至有些顾客把售后问题是否完善当成决定他们是否购买的决定性因素。因此，如果我们不能给足顾客绝对的售后保障，顾客是不会购买的。而相反，如果我们能在与顾客的沟通中，让顾客消费得放心，消费得舒心，也就满足了顾客的心理安全的需要，那么顾客没有理由不和我们合作。

当顾客担心售后问题时，销售人员可以向顾客展示全面的保障举措：

1. 做专业的售后保障解答

一般来说，顾客如果对产品本身比较满意，只是担心售后问题，就会从专业的角度询问销售人员。因为对产品的售后保障问题是否熟知，是销售人员专业知识中的一部分。如果销售人员专业性不够，回答让顾客不满意，顾客自然就会心存戒备。所以，如果销售人员想要从心理上赢得顾客，就要加强专业知识的学习，在顾客面前要显得更加专业。

除此之外，销售人员要注重个人形象的打扮，树立良好的外在形象，让顾客从里到外都感觉你是专业的销售服务人员。顾客对销售人员认可基本上就是对产品的认可，自然也会相信销售人员关于产品售后问题的回答。

2. 告知产品正确的使用方法和注意事项

有时候，顾客在使用产品的过程中出现问题，原因并不在于产品本身，而是使用不当，造成顾客对产品的误会。如果在顾客购买产品前，销售人员就能告诉顾客产品正确的使用方法并提醒他们注意事项。那么，顾客就会觉得销售人员很负责任，能感受到销售人员在真心实意地关心着他的安全，那么顾客就会对销售人员的善意给予回报，合作也就是水到渠成的事情。

3. 提供具有实际意义的售后保障

①质量保修承诺

比如，销售人员可以告诉顾客："我公司对电热膜产品存在的质量问题十年内实行免费维修、更换""十年后对电热膜系统实行有偿维修、更换，价格按当时市场价格。对人工费实行优惠减免""我公司对温控器产品存在的问题，两年内实行免费维修、更换"。

②服务承诺

比如，销售人员可以告诉顾客："我公司拥有一批专业的地暖高级技术人员和完善的电热膜供暖系统检测设备。设有专门的技术部门指导电热膜供暖系统的安装，拥有一支经过严格训练的安装队伍，为用户提供一流的安装服务并实行售后跟踪服务。"

一般来说，可以从这几个方面保证产品的售后服务：

定期回访：由专门的售后服务工程师根据公司制定的售后服务计划，定期回访顾客。

定期维护：售后服务工程师将根据公司制定的售后服务计划，定期对产品进行维护。

及时回复：接到用户的报修通知后，我公司的售后服务工程师将在量短的时间内到达现场，并保证在最短的时间内使用户恢复使用。

所以，作为销售人员，让顾客买得放心、给足顾客售后保障是赢得顾客的信任、完成销售的前提。做好了这一点，才可能招来顾客的关注和信任，也才能提高业绩。

及时做出可靠的承诺

在购买中，有些顾客表现出对购买的疑虑，是因为害怕承担购买产品或服务的风险。如果销售人员能提供一份可靠的承诺，使顾客的购买行为变得毫无风险，或者至少能够最大限度地降低风险，就会大大消除顾客的疑虑。

当然，提供任何产品和服务都是有风险的，这一点可以理解。但是通过陈述并且宣传你的保证和承诺，你商业前景上的风险就会减弱，并且大大提高潜在顾客对你的信任，加强他们购买的意愿，并最终促使顾客和你成交。

销售员宋俞向某公司推销软件系统，他在与该公司的负责人商谈时，就适当地运用了承诺，结果签下了一笔大订单。

这家公司的软件系统时常出毛病，严重地影响了公司的工作效率。经过研究，该公司决定投入大笔资金，全面更新公司的软件系统。

小宋获得这个消息后，就前来洽谈这一笔生意。通过努力，这一公司的相关负责人对小宋推销的软件系统终于有了一点意向。但是，鉴于以前购买的软件系统质量不高，经理迟迟不肯签单，希望能另外找到质量和性能更可靠、价格更优惠的软件系统。

面对这种情况，小宋向经理保证："如果贵公司采用了我们的软件我抽时间亲自给你免费送货，免费安装，全程安装都由我亲自监督，等你们验收！假如在运行当中因我提供的软件有问题，我承诺：除了软件不要钱外，还包赔因此而带来的一切缺失。"

该公司经理看到小宋的态度如此自信坚定，想了一会儿，说：

"好，那就试试吧！"

于是，小宋顺利地与该公司做成了这笔交易。

在销售过程中，每当顾客遇到产品的单价过高、总额比较大、风险比较大、对此种产品并不是十分了解、对其特性质量也没有把握时，产生心理障碍或成交时犹豫不决的现象是非常正常的。对此，销售员应该及时向顾客做出承诺，提出保证，增强顾客的信心，促使顾客签单。

在上面的实例中，那家公司要更换软件系统，由于数额较大，而且对软件的信心不足，因此该公司负责人在签单前显得犹豫不决。此时，销售员如果不能进一步地承诺，做出坚决的保证，恐怕订单就拿不到手。

向顾客承诺的最大优点就在于能够增强说服力，尤其是当销售员信誓旦旦地保证或者承诺顾客可以实现什么利益时，顾客往往能够迅速达成交易。但是，销售员在使用这种方法时，也需要注意一些问题。

1. 承诺必须能实时有效的兑现

这是非常重要的一点。试想，一个手机销售员向顾客承诺，购买这款手机一个月内出现问题，以十倍价格赔偿，肯定是没有人相信的。事实是承诺的依据，这里所指的事实既指顾客所需要承诺的事实。又指产品本身和企业本身的事实。销售员千万不要做出无法兑现的承诺，否则就是坑蒙拐骗，毫无信誉可言；在这种情况下，销售员要想利用承诺的方法促成订单，不仅不能促成顾客迅速签单，反而会导致顾客的不信任。

2. 承诺要找准顾客的后顾之忧

在销售过程中，销售员只有看准顾客的成交心理障碍，针对顾客所担心的几个主要问题直接做出承诺，提供保证，才能够有效地消除顾客的后顾之忧，增强顾客成交的信心，促使顾客下决心签单。否则，如果不知道顾客的成交心理障碍所在，那么很容易做出不利于自身的保证和承诺。

美国有一个销售员向日本人推销产品，日本人慢条斯理地将该销售员提出的优惠条件重复了一遍。该销售员以为顾客仍然没有下决心购买产品，于是便进一步承诺将产品的服务保修期延长到10年，日本人不动声色地接受了这一保证。这个销售员就是没有把准顾客的心理，自作聪明，错将顾客的习惯行为当作了异议，结果做出了不利于自己的产品承诺。这大大地增加了销售的成本，为后来的销售带来了不少麻烦。

即使销售员有实现承诺的能力，但是过度的承诺仍然会使自己承担过于繁重的义务，不利于以后销售工作的展开。因此，销售员在利用这种方法说服顾客签单时，一定不能过度承诺，而需要有理、有利、有节地承诺。

提高产品的附加服务

人们的需求层次在不断变化和提升，人们的普遍需求随着社会的不断进步而呈"金字塔"式发展。现代的顾客已远远不再局限于商品物质层次的需求。新的竞争不是发生在各个厂家生产什么商品，而是发生在商品能提供何种附加利益。而这种附加利益的核心就是赢得顾客"忠心"的服务，商品的诞生就意味着服务的开始。

商品为王的时代即将结束，服务制胜正在趋向市场发展的前端，一旦商品最终形成，商品价值的本身就达到了极限。而伴随商品开始的服务便承载巨大的无形的价值。在享受商品价值的同时，更要体验服务的价值，这已经成为顾客购买商品的普遍意识。所以，基于商品服务的提升已被置于服务营销的天平之上，服务再次体现了商品营销的真正的外延价值。在这种背景下，一名合格的销售员不但要推销产品，还要提供商品的附加服务。

实际上，这种改变早在多年前就已经出现了，且渐成趋势。

从米店小老板到塑胶大王的台湾首富王永庆，家族几代人都以种茶为生，只能勉强糊口。十几岁的时候，王永庆做出了人生中第一个重要决定，开米店自己当老板，启动资金则是父亲向别人借的200元钱。

王永庆为了消除顾客的购买障碍苦苦思索，忽然灵机一动，心想我何不主动送货上门呢？果然这一方便顾客的服务措施，大受欢迎，由此王永庆米店的影响力越来越大。

当地居民大多数家庭都以打工为生，生活并不富裕，由于王永庆是主动送货上门的，要货到收款，有时碰上顾客手头紧，一时拿不出钱的，会弄得大家很尴尬。为解决这一问题，王永庆采取按时送米，不即时收钱，约定发薪之日再上门收钱的办法，极大地方便了顾客。

起初王永庆的米店一天卖米不到12斗，后来一天能卖100多斗。几年下来，米店生意越来越火，在此基础上，王永庆筹办了一家碾米厂，完成了个人资本的原始积累。

服务的附加价值就是指向顾客提供应该的服务之外，不需要顾客花钱的那部分服务。

在一个充满竞争的商海中，优质服务是必要的，但仅此也是不够的。新的竞争对手促使我们必须采取更好的措施去提高我们的服务质量，即服务再上新台阶，只有这样，商家才能在商战中不断取得胜利。

不同顾客对附加服务的需求也不同，对于与商家建立深层次合作关系的顾客来说，顾客还希望能够比其他顾客多得到一些增值服务。而顾客附加增值服务需求的满足程度，对顾客满意度和忠诚度有着巨大影响。

要想使顾客在交易完成后对你的商品保持尽可能长时间的青睐，那么商家首先应该尽可能地让顾客感受到使用和享受商品的种种方便。最基本的工作是为顾客提供售后服务，指导顾客使用商品，介绍某些操作技巧等。

要想让顾客对商品的体验更深刻、更愉快，当然不是仅仅做到以上基本工作就可以了。那些精明的商家几乎都费尽心机地为顾客提供更优质的服务，其目的就是让顾客更加忠诚，以使他们追随自己，而不是排斥和厌恶被推销商品。

如果顾客满意这种额外的服务，如果商家提供的服务确实可以极大地方便顾客，而其他竞争对手却做不到这些，那顾客就会产生非常愉快的体验，从而主动成为商家的忠诚顾客，而且还会介绍更多的新顾客前来。

建立顾客忠诚度和管理某个商品的销量一样，是一个持续的过程，每个商品都有其生命周期曲线，在经历了相对缓慢的引入期、快速增长的成长期和稳定的成熟期以后，每个商品都会经历一个下降的衰退期。

在衰退期，商品将面临日渐放缓的增长速度，甚至是负增长以及日渐萎缩的市场份额。为了保持该商品的市场份额，商家只能不断投资。而建立顾客忠诚度也是这样，为了保持顾客的忠诚度，商家只能不断地为顾客提供额外的附加服务。作为一名销售员，心中一定要有这种服务至上的意识，只有有了这种意识，才能真正服务好顾客，进而提高业绩。

用优秀的服务品质增加顾客的忠诚度

就像世界上没有十全十美的人一样，也没有完美无缺的产品。因此，产品的销售服务是必不可少的，保证让顾客购买的是产品，保证顾客成为铁杆，甚至粉丝用户的是服务。

曾有一家计算机公司的销售代表接到一个重要顾客的总工程师的电话，说其总部的电脑出了问题，让销售代表尽快解决。这个总工程师是一个非常重要顾客的采购设备的决策人。年轻有为，他很少与厂家打交道，这次主动打电话说明问题一定是很严重的。销售代表答应顾客第二天上午十点以前去见总工。

时间已经是下午五点了，销售代表立即打电话到顾客服务中心要来顾客的服务记录，发现顾客已经从其总部投诉过来了，而且公司已经上门进行了维修。第一次没有解决问题之后，公司又从合作单位请了一名专家来到顾客现场，维修工程师判断是顾客的电脑需要升级。顾客并不同意维修工程师的观点，因为以前采购的电脑配置更低也没有问题。销售代表也判断不出原因到底在哪里，但是维修工程师告诉销售代表只要顾客肯升级内存，问题就一定可以解决。销售代表又打电话到顾客那里，询问了情况。销售代表与相关的人约好第二天十点三十分举行一个电话会议。

销售代表将维修记录都准备好、计算好需要升级的费用之后才离开了公司。第二天，销售代表准时来到顾客的办公室。

总工刚介绍完情况，销售代表就将维修记录拿了出来，并简单介绍了己方的观点以及与分部之间的分歧。接着，销售代表与顾客服务中心的维修工程师、顾客一起通过电话讨论了情况。顾客服务中心的工程师与顾客之间对于谁应该承担责任还是存在分歧，但是顾客服务中心承诺：只要升级内存，问题就一定可以解决。总工一直仔细地听着，几乎没有插话。电话会议一结束，他就向销售代表询问升级的费用，销售代表拿出准备好的报价递给他。总工扫了一眼数字，简单确认了一下，立即表示他们愿意即刻升级电脑。

后来，顾客告诉销售代表："出问题是难免的，而且有时很难搞清楚原因和责任。本来我是请你来讨论维修问题的，没想到你已经将问题搞清楚了。我看到你们很认真而且效率很高，态度可嘉。因此我就很痛快地同意支付升级费用了。而且升级费用非常合理和公道。"顾客对这家公司的服务赞不绝口，后来一直在使用他们的电脑。

有些销售人员对顾客服务工作存有这样一种错误的观念：我的工作是说服顾客签署订单，为顾客提供服务的工作应该由专门的顾客接待人员或者售后服务人员来承担。

之所以说这种观念是错误的，是因为随着经济的发展和社会的进步，现在的顾客要比过去的顾客更加精明和理智，在购买过程中获得更优质的服务已经成为他们的迫切需要。更何况，竞争形势也在日趋激烈，如果你不能为顾客提供更优质的服务，顾客就不会感到满意，从而导致你的销售以失败告终。

可以这么说，如果销售人员在销售产品或服务的过程中忽视顾客服务的作用，顾客在购买过程中感受不到除了产品或服务本身作用之外的任何价值，那么一旦竞争对手提供更好的服务时，顾客马上就会把目光投向竞争对手。而继续开发新顾客需要花更多的时间和精力，最终，你将因此而遭受成倍的损失。

那么如何留住顾客，并让顾客第二次再来消费呢？下面这个案例可能会给大家一个启示：

甘道夫是全球唯一一位年销售额超过1亿美元的人寿保险代理。他刚开始从事保险时就曾暗暗发誓，一次成交，终生服务，他每年都要跟踪拜访所有顾客一次，他确实也这么做了。

有一位大学生从他那里买了1万美元的人寿保险，后来毕业当了兵，甘道夫又卖给他1万美元的保险。后来他去了佛罗里达，在州参议院任侍从。甘道夫仍然坚持一年至少跟他联系一次。

有一次，在州参议员的家庭鸡尾酒会上，一位客人惊厥病发作。这位侍从曾受过心脏复苏训练，救了他的命。而这位病人又恰巧是全美首富之一。出于感谢，这位商人邀请这位大学生加盟他的公司。过了几年，这位商人打算借一大笔钱投资房地产。这位侍从马上拨通甘道夫的电话说："甘道夫，我知道你的保险业做得很大，能帮我老板一个忙吗？"

"什么事"？甘道夫问。

"他要贷款200万搞一个房地产项目，你能否帮他与你的顾客搭个桥？"

"可以。"甘道夫回答。

不久，甘道夫设法帮商人贷到了款。商人为感谢甘道夫，邀他到自己的游艇上去做客，做客的时候，甘道夫卖给商人2000万美元的保险。

总之，使销售业绩得以攀升和持续的关键是售后的服务，后者才会永久地吸引顾客。你的生意做得越大，你就要越关心顾客。在品尝了成功的甜蜜后，最快陷入困境的方法就是忽视售后服务。销售，只有起点，没有终点，是一个连续的活动过程。成交并非万事大吉，而是下次销售活动的开始。在成交之后，销售员要向顾客提供服务，以努力维持和吸引顾客。

第六章

为顾客着想，让销售实现双赢

对于销售员来讲，理想的销售结果应是双赢——利益均沾，追求单赢往往只赢得眼前，却赢不了将来；而追求双赢则既赢得现在，又赢得将来。所以，销售尽管是一种博弈，但应该以追求双赢为目的。

让顾客的钱花在关键的地方

资历深一些的推销员都知道，顾客的层次是不同的，如何把货卖给收入低一些的顾客是有难度的，因其收入有限。因此，他们花钱很谨慎，不会轻易掏腰包。面对这类顾客，和他们谈论价格时，首先要让他们觉得钱花得物有所值他们才会接受。

一般来说，这类顾客比较节俭，是较为保守的一类。他们可能经历过较为贫穷的生活，深知钱赚的不易，所以即使后来生活条件改善了，也很难改变原有的习惯。他们视节俭为美德，对不节俭的人的许多习惯反倒看不惯。面对这类顾客，一定要先站在对方的立场上，告诉对方产品的价值所在，并帮助对方分析以你给出的价格购买这样的产品物有所值，他会听你的。

闫峰是一家家庭装修公司的老板，在经营中，他一直秉承的销售理念是让顾客把钱花在刀刃上。

一天，一位顾客想让他帮忙参谋如何装修、选材。闫峰直言不讳："对于家庭装修来说，一般的主材要买好的，不能省钱；厨房厕所里的用具也要买好的，浴室里的东西不能买便宜的；做防水的材料尤其要买好的，因为防水材料不过关，就算做得再好，也保证不了不出现问题，而且，一旦出现漏水现象，想要解决也会很难，比当初做防水花的钱还要多。在这些方面，我们公司用的都是质量过关的产品。虽然价格有些高，但是绝对物有所值。在进购建材时，我都要亲自把关，价格贵一些没关系，但是必须要保证质量。这方面您可以放心。"

顾客有点不相信。闫峰接着说："电也是一样。电线和附材要买好的，一旦出了问题，不但更换很麻烦的，还可能很危险。因此，水电材料最关键，这些地方不能图省钱留后患。"

这位顾客解释说："可我想把房间装饰得好一点，我想使用最好的材料。"

闫峰告诉他说："我倒觉得这方面可以省一点儿，毕竟房间的墙面、窗帘、家具等，过几年你不喜欢了可以换新的，这很容易。但是，厕所、厨房里的东西都比较贵，坏了再买，那可不是花小钱的事，而且要重新安装，很麻烦的。"

顾客听了闫峰的建议，非常开心，因为他们的日子过得非常节俭，找了几家公司，都胡乱给他们设计，顾客觉得不实在，他是抱着试试看的态度来找闫峰的。没想到真找对人了，闫峰帮了他这么大的忙！所以当闫峰报出房子装修的价格时，顾客立即同意了。

一般情况下，顾客装修房子都是要价格便宜又质量好的，这样的心情是可以理解的，但是价格太低是做不好的。其实，最好的办法是该花钱的地方要花，不该花钱的地方可以少花。这样不仅可以保证质量，也可以节省一笔费用，把钱花在刀刃上。而事例中的闫峰所说的每一句话都是在为顾客着想，帮助顾客省钱，把顾客的钱用在最关键的地方，这就打动了顾客，因此顾客便把装修的工程包给了闫峰。

由此可见，为顾客省钱，才能为自己挣钱。想要成为出色的销售员，就不妨多替顾客着想，让顾客感觉他们的钱的确花在刀刃上，他们才会心甘情愿地购买你的产品。

销售应该满足买卖双方的利益

推销员向用户推销产品的过程，也是买卖双方进行判断和认同的过程，如果不能实现买卖双方的共赢，那么成交就很难实现。只有双方都得到了应有利益的满足，交易才能实现。因为你的顾客与你同样精明，如果你只是把自己的利益放在眼前，置对方于不顾，那么，你往往以失败告终。只有让对方获利了，自己才会赚钱，这是买卖的既定的法则。

小宋是一家电子配件公司的销售员。一天，他如约拜访了一位顾客，与其洽谈购买事宜。经过一番洽谈，顾客表示："我和你们公司还是第一次接触，不知道你们的产品质量如何？"

小宋向对方保证："无论从产品质量上还是顾客服务上，我们都是一流的，而且有许多大公司成为我们的忠实顾客，这些都是有证可查的。对于产品质量方面，你大可放心。"

顾客提出："即使你保证产品质量一流是真的，可你们的产品价格怎么比其他同类产品高啊？这是为什么？"

小宋说："这种产品的价格在市场上长期以来一直居高不下，与其他公司相比，我们公司的价格实际上已经很低了。造成这种产品高价的主要原因是它的造价本身就高出其他产品，我们最起码要保证收回成本，所以……"

"如果这样的话，那么我们就觉得不大划算了，毕竟我们公司……"说到此，顾客实际已经是在拒绝了。

不少销售员在谈判时都会犯这样的毛病，过于关注自己的销售目标，却忽略了对顾客实际需求的考虑。任何一位顾客都是在自身需求得到满足后才会考虑成交的，如果销售员无法做到这一点，想要实现成交几乎不可能。针对以上情景，销售员可以这样来做：

顾客："我和你们公司还是第一次接触，不知道你们的产品质量如何？"

销售员："之所以能在众多的竞争对手之中站住脚，就是靠的我们公司一贯坚持高质量的顾客服务，并提供优质的产品，这些方面与我们有过合作的许多大顾客都可以提供证明。事实上，正是因为长期坚持采用我们公司的产品，很多合作伙伴才能创造令业界瞩目的高效能业绩。相信以贵公司的实力和影响力，如果与我们公司合作，更可以令工作效率大大提高，而且也有利于贵公司的品牌延伸……"

顾客："你们的产品价格怎么比其他同类产品要高出一截？这是为什么？"

销售员："这种产品的价格确实要高于其他产品，这是因为它具有更卓越的性能，它能够为你创造更大的效益，与今后你获得的巨大利润相比……"

顾客："你说得也有道理……"

实现双赢的前提在于买卖双方利益的互相满足。因为顾客是你的长期"合伙人"，要学会共事利益，要多考虑顾客的感受，在保证利润的基础上尽量满足顾客的需求，你不能让他有吃亏的感觉。

那么，在谈判过程中，销售人员如何才能与顾客建立合作共赢、长期合作的友好关系呢？

1. 讲明产品对顾客的价值

销售是一个利益博弈的过程，交易的双方是受利益驱使的。想要实现销售成功，销售人员就要通过与顾客沟通达成双赢。产品是实现利益的立足点，销售人员要让顾客知道购买产品可以为其带来什么样的利益，这样才能吸引顾客关注产品。

2. 表明建立长期合作的意向

在与顾客谈判的过程中，销售员应尽可能地向顾客表明希望与其长期合作。无论对顾客还是销售人员本身来讲，这都有一定的好处。因为销售人员开发一个新顾客往往比接待老顾客费时费力得多，而对于顾客来说，对产品足够的了解与掌握也会为他们节省很多精力和时间。

3. 根据顾客实际需求介绍产品

在谈判的过程中，当顾客自我需求得到满足之后，往往会主动做出成交决定。所以，销售人员在向顾客销售产品时，要尽可能地从顾客的实际需求出发，弄清楚他们需要什么或者在哪些方面面临难题，并采取适当的方法予以解决。

例如，在向顾客介绍产品时，销售人员可以说："贵公司对产品质量要求很高，而我们的产品也以优异的品质赢得了很多大型合作伙伴，相信我们合作会非常满意，也会非常愉快的。"

这样让顾客从谈判中得知，这场交易不但满足了他预想的起码要求，还能为自己赢得其他好处。那么，他们大多会表现得更加积极，以一种"实现成交可以使我得到某些益处"的态度与销售人员进行谈判，从而提出成交。如果顾客提出了一些额外的小要求，你可以在确保自身和产品不受侵害的前提下尽量去做，尽可能地满足顾客需求，而此时你也基本上可以得到自己想要的。

让顾客有一种占便宜的感觉

现在的顾客对商家给出的产品价格是百分之百的不相信，为此，所有的人买商品都知道"砍价"。作为推销员，你必须给予顾客以理解，让其砍价，砍到他认为可以了之后再卖他，比如：

一位顾客在某商铺相中了一件衣服，一问价钱，居然是 300 多块。于是他"对半砍"。

"给 150 元。"

店主说："哎呀，那可卖不了，这样连本钱都收不回来，不能让我关店歇业吧。这样，先生，看你也挺有诚意的，再加一点，我就算是给你带一件了。"

"这样啊，我最多出 180 元。"

"成！算交朋友了。"

这位顾客认为得便宜了。其实精明的商家也乐开了花，因为他绝对不会做赔本买卖的。

这就是成功的销售，因为它让买卖双方都觉得赢了。

几乎所有的销售人员都知道这句话：顾客要的不是便宜，而是要感到占了便宜。顾客有了占便宜的感觉，就容易接受你推销的产品。但同样因为如此，顾客占便宜的心理给了商家可乘之机，如一些女士在购物买衣服的时候，常常用对方不降价自己就不买来"威胁"销售人员，于是销售人员最终妥协了，告诉女士"就要下班了，我不赚钱卖你了""我这是清仓的价钱给你的，你可不要和朋友说是这个价钱买的""今天你是第一单，算是我图个吉利"，于是这位女士自以为独享这种低价的优惠满意而归。

此种情况并不少见，精明的销售人员总能找出借口卖出东西并让顾客觉得占了便宜。由此可以看出，大多数顾客不喜欢对产品的真实价钱仔细研究，而是想买些更便宜的物品。销售人员怎么做才能让顾客觉得占了便宜呢？你可以去看看商场中最畅销的产品，它们通常不是知名度最高的名牌，也不是价格最低的商品，而是那些促销"周周变、天天有"的商品。促销的本质就是让顾客有一种占便宜的感觉。一旦某种以前很贵的商品开始促销，人们就觉得得了实惠。

虽然每个顾客都有占便宜的心理，但是又都有一种"无功不受禄"的心理，所以精明的销售人员总是能利用人们的这两种心理，在未做生意或者生意刚刚开始的时候拉拢一下顾客，送顾客一些精致的礼物或请顾客吃顿饭，以此来提高双方合作的可能性。

贪图便宜是人们常见的一种心理倾向，我们在日常生活中经常会遇到这样的现象。例如，某某超市打折了，某某厂家促销了，某某商店甩卖了，人们只要一听到这样的消息，就会争先恐后地向这些地方聚集，以便买到便宜的东西。物美价廉永远是大多数顾客追求的目标，很少听见有人说"我就是喜欢花多倍的钱买同样的东西"，人们总是希望用最少的钱买最好的东西。这就是人们占便宜心理的一种生动的表现。

同时，占便宜也是一种心理满足。顾客会因为用比以往便宜很多的价钱购买到同样的产品而感到开心和愉快。销售人员其实最应该懂得顾客的这一心理，用价格上的差异来吸引顾客。

销售人员在推销自己产品的时候，可以利用顾客占便宜的心理，使用价格的悬殊对比来促进销售。其实在很多世界顶尖的销售人员的成功法则中，利用价格的悬殊对比来俘获顾客的心是常用的一种方法。

优惠是推动销售最有效的方法之一，所以优惠政策就是你抓住顾客心理的一种推销方式。大多数顾客都只看你给出的优惠是多少，然后和你的竞争对手做比较，如果你没有让顾客觉得得到优惠，顾客可能就会离你而去。所以你不仅要注重商品的质量，还要注意满足顾客这种想要优惠的心理需求。

但是，优惠不过是一种手段，说到底是用一些小利益换来大顾客，你还是有赚头的，不然商场里也不可能经常有"买就送""大酬宾"等活动。当然，在优惠的同时，你还要传达给顾客一种信息：优惠并不是天天有，你很走运。这样，顾客的心里才会更满足，他们才会更愿意与你合作。即使你推销的产品在某方面有些不足，你也可以通过某些优惠让他们满意而归。

如果顾客对你的产品提出意见，你千万不要直接否定顾客，要正视产品的缺点，然后用产品的优点来弥补这个缺点，这样顾客就会觉得心理平衡，同时加快自己的购买速度。

比如顾客说："你的产品质量不好。"

作为销售人员的你可以这样告诉顾客："产品确实有点小问题，所以我们才优惠处理。不过虽然是有问题，但我们可以确保产品不会影响使用效果，而且以这个价格买这种产品很实惠。"这样一来，你的保证和产品的价格优势就会促使顾客产生购买欲望。

作为一个销售人员，你应该很清楚，销售的最终目的是要达到一个双赢的结果，只有双赢才会对双方的合作有持久的吸引力。

当你面对的顾客，他想要的价格跟你的有些冲突，那种奇迹般的双赢结果恐怕很少会出现。顾客想要以尽可能低的价格买到产品，而你想要以尽可能高的价格卖出产品。顾客想降低你的底线，来接近他的期望。

你要做的就是，采取相互退让的策略，让你在谈判桌上取胜，同时又让顾客觉得他也赢了。能否达到这种结果是衡量一个销售员水平高低的一个标志。

两个销售人员也许遇到了两个情况完全相同的顾客，两人都能以同样的价格和同样的条件成交，但是销售高手会让顾客在心理层面上觉得自己赚了，拙劣的销售员却会让顾客觉得自己赔了，从而滋生出心理上的不满。这样，第二天早晨顾客醒来的时候就会这样想："现在我知道那个搞销售的对我做了什么，可恶，别让我再碰上他！"可想而知，这个顾客就这样流失了。

销售高手则会让顾客觉得自己赢了，从而心情愉悦。顾客会觉得同这样的销售员在一起是愉快的，你们的合作是成功的，他在你这里购买的商品是让他放心的，他会迫不及待地想再次见到你，并再次跟你做生意。

实实在在的让顾客占点小便宜

这个世界上总是存在想要贪图小便宜的人，这样的人总是希望自己能吃上"免费的午餐"。而经过进一步的分析我们就会发现，这种爱贪小便宜的人并非有功利目的，而是如果能占到小便宜就会有好的心情。所以，在销售的时候不妨就满足顾客这种爱占小便宜的心理。

其实，很多商家已经很擅长运用各种"免费的午餐"吸引顾客，比如买一赠一、节假日折扣、清仓甩货等各种噱头，都是商家为了获得更多的利润采取的促销手段。但是顾客就很吃这套，愿意贪图其中的便宜。如果能在实际销售中多多使用诸如打折优惠、免费送货、赠送礼品等"小便宜"来讨好顾客，让顾客欣喜的同时，也会为自己赢来比平时更多的生意。

陶鑫开了一家手机专卖店，他对店里的布置可是费了一番心思，店里除了摆设了手机之外，还陈设了各种各样的物品。不仅有靠枕等小件家居用品，还有各种儿童玩具，更有很多小工艺品，物品繁多。虽然小店看起来显得乱了一些，但是生意却出奇的好。

一次，一位顾客来到店里购买手机，双方经过一番讨价还价之后，顾客感觉有些疲惫，就坐下来喝杯茶。这个时候，顾客发现茶的味道很好，就忍不住问陶鑫："这杯茶用的是什么茶叶？"陶鑫趁机拿出一包新茶叶，对顾客说："这样吧，那款手机实在是没有降价的空间了，这是我去岭南的时候带回来的茶叶，带了两包，这包就送给您了。"

陶鑫的慷慨解囊送茶叶，让顾客感到意外的同时，觉得占了很大的便宜，十分爽快地买了那部手机。

实际上，陶鑫早就买好了茶叶放在店里。如果碰上带着孩子来的顾客，他的店里能引起孩子兴趣的东西就更多了，他能赠送给顾客的东西也就更多了。但是有一点，他始终坚持，那就是从不主动送东西给顾客，而是等顾客真的看中店里某样东西，提出要求的时候，才会"大方"地赠送。

其实，很多顾客在买到手机后，都因为好奇店里摆了那么多小玩意，随口问问能不能送点什么给自己。陶鑫就是利用了顾客这种想吃"免费午餐"，占小便宜的心理，故意不说出那些都是赠品，而是装作很大方地送给顾客。这样顾客就会觉得自己占到了便宜。

在美国，哈雷摩托车的顾客多是手头不很充裕，但是热爱兜风的年轻人。摩托车的销售旺季是室外活动活跃的夏季，冬季是摩托车的滞销期。每逢冬季来临，各地的摩托车经销商都为大量的库存而大伤脑筋。

为了刺激顾客在冬季购买，哈雷摩托车制造厂推出一个叫作"早起的鸟儿有食吃"的特价活动，借此告诉想要拥有摩托车的年轻人，不要等春天到来后才购买，冬天才是购买高级车种和各种附件的最佳时机，应抓住有利时机尽早购买。

哈雷摩托车制造厂除生产各式摩托车外，还生产各种摩托车附属品，例如皮带、皮靴、坐垫、安全帽、皮夹克、皮质旅行箱等。哈雷的主管希望这些附属品与哈雷摩托车一样，也尽早出清库存。于是，他们想出了早买摩托车早得摩托车附属品，买得越早得的越多、越贵的车种得的越多等方法，鼓励顾客尽快做出购买决定，其主要目的，不外乎就是希望增加摩托车的销售量及提高市场占有率，减少各地经销商的库存。促销的具体做法是：凡于一月份购买哈雷摩托车者，赠送价值 800 美元的附属品；于二月份购买者，赠送价值 400 美元的附属品。同时哈雷通过店面广告、邮寄广告、杂志广告以及所有精美图片的印刷品，大肆宣传此项活动。

由于赠品促销与各种媒体广告配合得当，引起了潜在顾客的高度注意与回响，季节性销售差异极大的哈雷摩托车即使在冬季也不再滞销。结果仅一月份及二月份，哈雷的市场占有率就由原来的30.8％增加到 38.9％，在 58 天内，各地经销商共送出 7000 件摩托车附属品。

哈雷摩托车制造厂以手头不大充裕但又爱好运动和享受兜风乐趣的年轻人为促销对象，以摩托车附属品如皮带、皮靴、坐垫、安全帽、皮质旅行箱等为赠品，有的放矢，投其所好，从根本上保证了促销活动的成功。

一场赠品促销活动的最佳效果是：能强调产品品牌独特的优点，并凸显其市场地位；鼓励顾客继续使用其产品；刺激潜在消费大众的反应，尤其是可能成为真正使用者的反应。

那么，如何开展赠品促销活动才能起到最佳效果呢？

（1）开展赠品促销活动之前，要考虑活动的合理性，比如说这次赠品促销活动是否盈利，是否能得到顾客的认可。

（2）赠品选择要真心实意，精细并且使用率高，才能真正讨得顾客的欢心。有些商家所给出的赠品都是劣质品，以此来蒙骗顾客，这种做法是不可取的。

（3）赠品不能"喧宾夺主"。在价格上，赠品的价格要比主商品低，外形体积上，赠品应小于主商品。

"免费的午餐"可以说是最有效的促销方式。怎样既提供这种"免费的午餐"，而自己又不吃亏，就看商家们的智慧了。懂得创新，懂得挖掘买卖双方的利益共同点，才能更好地实现商家"小投入，大回报"的目标。很多商家总是希望能尽可能地减少投入，这样就能让利益最大化，但是很多时候，增加少量的投入就能为自己赢来更大的利润。

生意场上买卖双方的利益并一定是互相矛盾的，有的时候也是相统一的。商家提供的产品可以满足顾客的某种需要或便利，而商家也需要通过扩大知名度和口碑效应等，来赢得顾客认同和销量的提高。因此，聪明的销售人员一定要学会寻找彼此之间的需求结合点去平衡这种利益关系。

不过，不是每一位顾客都有消费尊严，有些顾客会得寸进尺，占到了小便宜还想有更大的便宜，这个时候双方的利益关系就难以获得平衡了。当遇到这种顾客的时候，要马上切断对方这种过分的想法，用严词拒绝对方："不好意思，我没有权利这样做。"或者向顾客说明不能继续降价的理由，不能再有赠送的理由。并且要注意说话的时候要柔中带刚，尽量让顾客无法再提类似的要求。

讨价还价让顾客觉得买得比别人实惠

在多数消费场所，顾客与卖家都有讨价还价的余地，这正是市场经济的特点。而有一部分顾客，更是有习惯性的"砍价癖"，砍价成功会让他们很有满足感。对普通顾客来说，砍价成功也会让他们觉得自己买得比别人实惠。销售人员要懂得满足顾客的这一心理欲求。

在销售当中，出现销售人员与顾客讨价还价的情况是很正常的现象。顾客的钱都是辛辛苦苦挣来的，没有哪一个顾客会不问价格、不问质量就痛痛快快地购买的。讨价还价是顾客正常的心理需要，目的是获得某种心理平衡。只有当顾客在心理找到了这个平衡点后，他才会最终做出购买的决定。如果没有达到平衡点，顾客就会和销售人员议价，在你来我往的争论中找到双方都能够接受的方案，实现双赢。

不过，在心理上，人们都希望在与商家议价的时候能够得到更实惠的价格。因此，作为一名销售人员，在交易的时候千万不要急于求成，太快的交易只会让顾客觉得自己给出的价位偏高，于是便觉得自己在这场交易中吃了亏，有时还会对产品的质量产生怀疑。如此一来，对买卖双方都不利。

过快地接受顾客的要求并不能给销售人员带来多少好处。举一个例子：

有一对夫妇翻看杂志时，在中间的插页广告中看到一座古式的挂钟吸引住了他们的目光。

太太说道："你瞧，这钟多古色古香！若是挂在咱们家的走廊上或是大厅中，那就再好不过了。"

先生也表示认同："嗯，不错，我正想买个类似的钟挂在家中，只是不知道得要多少钱，广告中也没有标出价钱。"

经过寻觅，他们在本市最大的超市中看到了这款挂钟。太太高兴地说："就是它，就是这个！"

"还真是啊！"先生答道，"但是我们说好了，超过 500 元我们就不要了。"

于是先生问售货员这款钟多少钱，售货员说："500 元。"这位先生说："我也不多说，这个钟我准备出个价钱，我不喜欢讨价还价，听着，300 元，卖不卖？"售货员连眼都不眨一下，就说道："拿走吧。"

比预期少了 200 元，先生并没有得意扬扬、沾沾自喜，他的第一反应是："怎么搞的，也许 200 元都能敲定。这钟必定有问题！"

当他提着钟走向停车场时，自己想道："这钟应该很沉才对，怎么这么轻呢？是不是次品？"

事实上一点毛病也没有，当钟挂在走廊时，看上去很美观，而且分秒不差。只是这对夫妻的心情却总是轻松不起来。为什么？就是那位销售员太痛快地接受了他们 300 元的出价。其实客观地说，这个价格对于那位销售员来说已经很低了，销售员根本没有赚到多少钱。不过这对夫妻却总觉得自己上当了，买贵了，这就是人的心理在起作用。

所以，在跟顾客议价的过程中，要抬高你的门槛，不要那么容易就达成协议，要让顾客感觉到你是在割爱，你很不乐意把这件物品给卖出去，你给出的价位已经是让自己利润薄得可怜的底线了。这样，他们在心理上才会有很大的满足感，才会感激你。要让你的客人觉得和你做生意的时候他们从你这里占到了一些便宜，心理上有了一种满足感，才会高兴地继续和你合作。

日本东京一家叫"美佳"的西服店，就是准确地抓住了顾客的这种想占更多便宜的购买心理，有效地运用折扣售货方法销售，获得了成功。

具体方法是：先发一公告，介绍某商品品质价格等一般情况，再宣传打折扣的销售天数及具体日期，最后说明打折扣的方法，即第一天打九折，第二天打八折，第三天、第四天打七折，第五天、第六天打六折，以此类推，到第十五天、第十六天打一折。这种销售方法实施的效果是，前两天顾客不多，来者多半是打探虚实和看热闹的。第三四天人渐渐多了起来，在打六折时，顾客像洪水般地拥向柜台争相抢购。以后连日爆满，还没到一折售货日期，商品早已销售告罄。

店家可能在为商品打五折的时候就已经赚钱了，但顾客们的想法是：打六折自己就已经省钱了，但要等到店家打一二折时可能就抢不到了，于是就提前下手了，但这已经是掉在商家为你挖好的陷阱里了！

善用性价比告诉顾客产品物美价廉

所有从事推销工作的人都已感到了，在现代商业社会，随着商品的逐步丰富，销售行业竞争的程度日益激烈，各种商品，千奇百怪，应有尽有。在众多商品面前，顾客自然就产生了挑剔的心理并对同类产品进行比较。谁的产品稀、奇、特、新又廉价，谁就拥有和固定住顾客。

在销售中，人们经常会听到"性价比"一词。也就是说，除了产品质量、性能、功能等必须满足顾客的心理预期外，还要在推销的时候下足功夫，尽量利用"性价比"来做文章，顾客感到物美价廉，从而进行购买。比如：

一位顾客想买一条牛仔裤，他对售货员说："这个价格太贵了。"

销售员："您曾经有过买便宜货的经验吧？或者你也看到过有人低价买一些劣质品吧？'一分价钱一分货'有的牛仔裤价格很便宜，甚至几十元就能买到一条，但洗过一次，掉色不说，又抽又皱，穿几天就扔掉了，你说，到底是便宜的合算还是高档一点的合算？"

购买物美价廉的产品是顾客一致的购买心理。销售过程中，价格异议似乎也是销售人员最头疼的问题，因为你不管怎么强调产品如何便宜，可是顾客却总会不厌其烦地和你讨价还价。而此时，如果我们能和案例中的销售员一样，把价格问题转到价值问题上，尽量让顾客看到产品背后的价值，明白"一分价钱一分货"的道理，淡化顾客对价格的敏感度，最终选择购买。

当然，除了在价格异议中我们需要让顾客感受到产品的性价比外，销售中任何一个环节都需要我们向顾客传输这一思想。因为价格问题会始终贯穿于整个销售过程。

让顾客明白产品的性价比，自然是要有与之比较的对象。那么，具体的销售中，我们如何来利用产品的性价比呢？

1．横向比较

所谓横向比较，就是销售员要把自己所销售的产品与竞争对手的产品进行比较。一般来说，可以从价格和价值两方面进行对比：

（1）价格对比

这种对比方法，可以说是最常见的，也就是销售人员用所推销的产品与同类产品进行比较，用较高的同类产品价格与你所卖价格作对比，从而让顾客明显觉得你所推销的产品价格更便宜。

（2）价值对比

顾客：我觉得你们的设备挺符合我们的要求，只是这质量方面，我还是有点担心。还有，我觉得有些贵。

销售员：这个你完全可以放心，国家质检部门已经做过多次检验了，我们所有的设备合格率是90%以上，而且这型号的设备质量比其他设备都要好，它的合格率达到了95%，而其他公司的产品才85%。你看，这是产品相关的质量合格证、质检部门的检测报告……目前这款设备已经在全国20多个城市销售了100多万台，重要的是直到现在我们仍然没有接到任何关于这款设备的退货要求。所以，你大可放心。

听了这样的比较多数顾客是会认同的。

2．纵向比较

所谓纵向比较，指的是销售人员针对顾客所提出的一些具体的价格问题，以比较的方法予以解决。一般来说，通常包括以下几种比较法：

（1）效能比较

顾客："这个价格实在太高了，远远超出我的预算。"

销售员："那么，你认为在怎样的价格范围内你可以接受呢？"

顾客："我们的最高预算是5000元。"

销售员："这和我们的产品差价是1000元。但你要知道，这是一次性的投资，可这种先进的机器，每个月会为你多增加200元的效益，也就是说，购买这种机器，不到5个月的时间，你就可以把差价给赚回来。"

案例中，销售员就是在引导顾客说出预期价格后，再把自己产品的价格和顾客提出的价格进行比较，然后再在这个差额上做文章，最终让顾客接受了自己的观点。

的确，与产品的总额相比，差额肯定要小得多，不会对顾客产生更大的压力。这时，运用差额来说服顾客就相对比较容易些。

（2）整体分解法

经验丰富的销售人员经常会采用这种方法。它是按产品使用时间的长短和计量单位的不同来报价，把庞大的价格化整为零，隐藏价格昂贵的威慑力。这种方法使价格分散成较小的价位，实际上并没有改变顾客的实际总支出，但却比总报价更加容易被人接受。

总之，只要价格合理，只要我们巧用对比，让顾客感觉到物有所值，顾客就一定会购买。

·第七章·

抓住时机有技巧地达成交易

　　巧妙而准确地捕捉成交时机，需要每个销售人员都要随时关注潜在客户的一言一行，通过客户的外在表现去判断其内心的真实想法，捕捉成交的信号。在推销过程中，如果客户已经产生购买意图，那么这种意图就会有意无意地通过语言、行为、表情和事态流露出来。尽管成交信号并不必然导致成交，但销售人员可以把成交信号的出现当做促进成交的最佳时机，而抓住机会，敲定订单。

强化顾客的兴趣，调高购买欲

有一个中年男子到玩具柜台前闲逛，推销员李华热情地接待了他。男子顺手把摆在柜台上的一只声控玩具飞碟拿起来。

李华马上问："先生，您的孩子多大了？"

男子回答："6岁！"接着把玩具放回原位。

李华说："您的孩子一定很聪明吧？这种玩具刚刚到货，是最新研制的，有利于开发儿童智力。"她边说边把玩具放到柜台上，手拿声控器，开始熟练地操纵玩具飞碟，前进、后退、旋转，展示了玩具飞碟的各种性能，同时又用自信而且肯定的语气说："小孩子玩这种用声音控制的玩具，可以培养出强烈的领导意识。"说着，便把另一个声控器递到男子手里，说："试试吧，和孩子一起玩，多好。"

于是那位男子也开始玩了起来。这时李华不再说话了。大约2分钟后，男子停下来端详玩具，一脸的兴奋。

李华见机会来了，进一步介绍说："这种玩具设计很精巧，玩起来花样很多，比别的玩具更有吸引力，孩子肯定会喜欢，来买的顾客很多。"

男子说："嗯，有意思，一套很贵吧？"

李华仍然保持着微笑："先生，好玩具自然与低劣玩具的价格不一样，况且跟发展孩子的领导才华比起来，这点钱实在是微不足道。要知道孩子的潜力是巨大的，家长得给他们发挥的机会。您买这种玩具不会后悔的。"她稍停一下，拿出两个崭新的干电池说，"这样吧，这两个新电池免费奉送！"说着，便把一个原封的声控玩具飞碟，连同两个电池，一同塞进包装用的塑料袋递给男子。

男子接过袋子说："不用试一下吗？"

李华说："绝对保证质量！如有质量问题，三天之内可以退换。"

男子付了款，高高兴兴地提着玩具走了。

顾客一旦对什么产生了兴趣，一般会立即表现出一种情绪上的兴奋，表明顾客正处于感性状态下，这时推销员一定要抓住使顾客产生兴奋的只言片语，及时重复和反问，或者主动介绍，以强化顾客的兴趣，达到销售的目的。

就像这个案例中的推销员李华，当她看见顾客拿起玩具后，就知道顾客已经对这个玩具产生了一定的兴趣，这时她及时上前询问，当得知顾客的孩子6岁时，又把玩具与培养领导意识等联系起来，并为顾客展示玩具的各种性能，让顾客的兴趣进一步被激发出来，这个过程完全取决于推销员的临场能力，既要能够察言观色，又要能随机应变，针对不同的顾客需求使用不同的推销技巧。

当顾客询问价钱时，她又把价钱与玩具能为孩子带来的好处相比较（抓住顾客望子成龙的心理），并免费赠送两节电池，推销员这些策略的目的都是在强化顾客的感知，最终让顾客作出购买决策。

因此，当推销员在销售过程中遇到类似情况时，要在顾客现有的兴奋点上恰当提问、介绍，以强化对方的兴趣，刺激对方的购买欲，以达到销售的目的。

用第三者搭建信任桥梁。通过"第三者"这个"桥梁"，更容易展开话题。因为有"朋友介绍"这种关系，就会在无形中消除顾客的不安全感，解除他的警惕，容易与顾客建立信任关系。

赵明："李先生，您好，我是保险公司的顾问。昨天看到有关您的新闻，所以，找到台里的顾客，得到您的电话。我觉得凭借我的专业特长，应该可以帮上您。"

李先生："你是谁？你怎么知道我的电话号码？"

赵明："××保险，您听说过吗？昨天新闻里说您遇到一起意外交通事故，幸好没事了。不过，如果您现在有一些身体不适的话，看我是不是可以帮您一个忙。"

李先生："到底谁给你的电话呢？你又怎么可以帮我呢？"

赵明："是我的顾客，也是您的同事王娟，和您一起主持过节目的。她说您好像有一点不舒服。我们公司对您这样的特殊职业有一个比较好的综合服务，我倒是可以为您安排一个半年免费的服务。如果这次意外之前就有这个免费的话，您现在应该可以得到一些补偿。您看您什么时候方便，我把相关服务说明资料给您送过来。"

李先生："哦，是小娟给你的电话啊。不过，最近挺忙，这个星期都要录节目。"

赵明："没有关系，下周一我还要到台里，还有您的两位同事也要我送去详细的说明。如果您在，就正好一起；如果您忙，我们再找时间也行。"

李先生："你下周过来找谁？"

赵明："一位是你们这个节目的制片，一位是另一个栏目的主持。"

李先生："周一我们会一起做节目，那时我也在。你把刚才说的那个什么服务的说明一起带过来吧。"

赵明："那好，我现在就先为您申请一下，再占用您5分钟，有8个问题我现在必须替您填表。我问您答，好吗？"

随后，就是详细的资料填写。等到周一面谈时，赵明成功地与李先生签了一年的保险合约。

在故事中，我们看到赵明在接通潜在顾客李先生的电话、自报家门后，李先生的防范心理是显而易见的，这时候，如果销售员不能及时消除顾客的这种心理，顾客就很有可能会马上结束通话。但赵明是一个非常聪明的销售员，他在打电话之前就已经做了充分的调查和准备，并事先想好了用李先生的熟人来"搭桥"的方式，早已经制订了详细的谈话步骤。

在接到潜在顾客警惕性的信号后，赵明先以对方遇到一起交通意外、可以为其提供帮助为由，初步淡化了顾客的警惕心理；然后，又借助李先生同事小娟的关系彻底化解了对方的防范心理，取得了潜在顾客的信任，成功地得到了李先生的资料以及一年的保险合约。

可见，销售员在准备与潜在顾客接触前，一定要有所准备，先设计好"计策"，然后再按计策的步骤缓缓推进，特别是要善于利用第三者——潜在顾客周围的人的影响力，这是获得潜在顾客信任最有效的方法。

不给顾客说拒绝的机会

失败销售员与成功销售员的区别其实只是那么一丁点，那就是失败的销售员往往一开始就被拒绝了，而成功的销售员会通过各种方法诱导顾客，让他们没有机会说"不需要"。我们通过下面这两个销售场景身临其境地来感受一下其中的区别，做一名成功的销售员也许并没有想象中的那么难。

场景一：

小李：您好，请问是孙先生吗？

顾客：是的，你是哪位？

小李：是这样的，孙先生，我是××公司的小李，我是通过物业处查到您的电话的。

顾客：找我有什么事情吗？

小李：我公司最近生产了一种产品，可以及时地维护您的下水道，从而避免下水道的堵塞。

顾客：是吗？非常抱歉，我家的下水道一直都很正常，我们现在还不需要。谢谢！

小李：没关系，谢谢！

场景二：

小王：您好，请问是孙先生吗？

顾客：是我！什么事7

小王：孙先生您好，我是受××小区管理处之托，给您打电话的。有件事情我一定要告诉您，不知道您是否听到过这件事：上个月小区内 B 座有几个家庭发生了严重的下水道堵塞现象，客厅和房间里都渗进了很多水，给他们的生活带来了很大的不便？

顾客：没有听说过呀！

小王：我也希望这不是事实，但的确发生了。很多家庭都在投诉，我打电话给您就是想问一下，您家的下水道是否一切正常？

顾客：是呀，现在一切都很正常。

小王：那就好，不过我觉得您应该对下水道的维护问题重视起来，因为 B 座的那几个家庭在没有发生这件事之前与您一样，感觉都很正常。

顾客：怎样维护呢？

小王：是这样，最近我们公司组织了一批专业技术人员，免费为各个小区用户检查下水道的问题。检查之后，他们会告诉您是否需要维护。现在我们的技术人员都非常忙，人员安排很紧张。您看我们的技术人员什么时候过来比较合适？

顾客：今天下午三点就过来吧！谢谢你！

看似最短的路，往往有可能走不通。而迂回的路，有时候却往往是最直的路。

很明显，场景一中的销售员小李肯定是个直爽人，直接就点明了自己的意图，结果被顾客的一个"不需要"拒绝了，且毫无还击之力。而场景二中的销售员小王显得有策略一些，他非常会绕弯子，先跟顾客说，他听说顾客所住小区的楼道里发生了地下道严重堵塞，问顾客家的下水道是否正常。这先让顾客产生了好奇心，进而又觉得小王确实是在关心他，所谈到的问题也跟自己的切身利益相关。之后小王又故意提醒顾客要重视这个问题，顾客自然被激发了需求，忍不住主动问小王要怎么维护。于是，小王就水到渠成地跟顾客说可以让本公司的专业技术人员帮他免费检查下水道的问题。这个顾客当然乐意，答应也是理所当然的事情。

在推销的时候，如何避免顾客说"不需要"呢？这里有三个随时可以拈来即用的计策：

1. 推销产品的第一步是推销自己

从顾客的心理来看，往往是在接纳了销售员本人之后，才乐意接受其推销的产品和服务的。推销的过程是一种在销售员和顾客之间实现信息交流和商品交换的过程。要使两者之间的交往圆满进行下去，需要以信任为基础。销售员要以自己的人格作担保去和顾客接洽，销售员只有诚心诚意地对待顾客，树立良好的人格形象，才能使顾客放心。

2. 换位思考，主动帮顾客户解决难题

从事销售工作，如果只想怎样把产品卖出去，而不考虑顾客所关心的问题，往往会遭到拒绝。销售员如能设身处地站在顾客的立场上考虑问题，通常是化解拒绝的一条有效途径。如果销售员充分利用职业优势，平时多做有心人，适时地给顾客提供有益的信息，帮助他们解决经验上的难题，这样自然会受到顾客的欢迎。你为顾客解决了难题，作为回报，顾客当然会主动地解决你的难题——购买你的产品。

3. 目光长远，认真地播下"需求"的种子

销售员不仅要寻找目标顾客，还要去创造和发现需求者，销售员的责任就是让顾客从更大的消费空间充分认识到不为他们所知的需求。一流销售员的高明之处，往往是把一部分的精力投放在对自己的产品还没有多少需求的顾客身上，先是认真地播下"需求"的种子，然后小心翼翼地培养，剩下便是耐心等待收获了。

亲身试验更有说服力

一次，美国杰出的销售员博恩·崔西的朋友与他打赌，让这位优秀的销售员想办法把几只小猫卖给从来都不养猫的人。结果，博恩·崔西轻松地赢了。朋友好奇地问他是怎么做到的，博恩·崔西笑着告诉他："很简单，我把猫卖给我周围的邻居时，告诉他们可以先让小猫留在家里过夜，如果他们不喜欢可以不付钱，第二天再送回来就是了。结果，这些邻居和可爱的小猫相处一夜后，都无一例外地喜欢上了这些小家伙。"

博恩·崔西用的这个办法是在推销中经常采用的"试用法"，针对那些对于产品存在疑虑的顾客，不妨施行先试后销的方法，让他们在试用的过程中了解到产品的特性。这样一来，他们很可能会因此对产品产生兴趣，进而签下订单。

有一名推销机床的推销员来到一家工厂，他所推销的机器要比这家工厂正在使用的所有机器速度都快，而且用途广、坚韧度高，只是价格高出该厂现有机器的 10 倍以上。虽然该厂需要这台机器，也能买得起，可是因价格问题，厂长不准备购买。推销员说："告诉你，除非这台机器正好适合你的车间，否则我不会卖给你。假如你能挤出一块地方，让我把机器装上，你可在这里试用一段时间，不花你一分钱，你看如何？"厂长问："我可以用多久？"他已想到可把这台机器用于一些特殊的零部件加工生产中。如果机器真像推销员说的那样能干许多活的话，他就能节省大笔劳工费用。推销员说："要真正了解这种机器能干些什么，至少需要三个月的时间，让你使用一个月，你看如何？"

　　机器一到，厂长就将其开动起来。只用了四天时间，就把他准备好的活完成了。机器被闲置在一边，他注视着它，认为没有它也能对付过去，毕竟这台机器太贵了。正在此时，推销员打来电话："机器运行得好吗？"厂长说："很好。"推销员又问："你还有什么问题吗？是否需要进一步说明如何使用？"厂长回答："没什么问题。"他本来在想要怎样才能应付这位推销员，但对方却没提成交之事，只是询问机器的运行情况，他很高兴，就挂了电话。

　　第二天，厂长走进车间，注意到新机器正在加工部件。在第二个星期里，他注意到新机器一直在运转。正像推销员所说的那样，新机器速度快、用途多、坚韧度好。当他跟车间的工人谈到新机器不久就要运回去的时候，车间主任列出了许多理由，说明他们必须拥有这台机器，别的工人也纷纷过来帮腔。"好吧，我会考虑的。"厂长回答说。

　　一个月后，当推销员再次来到工厂时，厂长已经填好了一份购买这台新机器的订单。

　　"耳听为虚，眼见为实"，而亲自操作试用则更具有说服力。与其费尽口舌，不如让事实说话，先让顾客试用产品。当他们真正尝到产品的甜头甚至离不开产品时，不用你多费口舌，他们都会主动购买。

对顾客异议深入发掘、妥善处理

在与顾客沟通的过程中，经常可以听到顾客对拜访人员所提供的产品或服务提出的异议。所谓异议，也就是顾客的不同意见，其实质是顾客对于产品或服务的不满。顾客表达异议的方式很多，可能直接说对产品没有兴趣，也可能找其他借口来搪塞。当然，有些异议是客观真实的，有些异议则是顾客的主观臆想。但无论哪一种异议都应当妥善处理。

首先，我们应当正确认识异议。这时经常引用的一个原理叫作冰山原理。人们平常见到的冰山只是露出海面的很小一部分，更大的部分都隐藏在水下，人们是看不到的。顾客的异议也如同冰山，顾客表面上所提出来的异议只是其很小的一部分，真正的异议是顾客隐藏起来的更大一部分，因此，针对顾客提出的异议还需要进行深入地发掘。

其次，我们对异议应当采取积极的态度。顾客对产品或服务提出异议是很正常的。俗话说，"嫌货才是买货人"。当顾客对产品提出一些反对意见时，他们往往真正关心这些产品或服务。调查显示，提出反对意见的顾客中有64%最终与对方达成了合作协议，他们有比较强烈的购买意向，但不知道经销商能否满足自己的要求，这是异议产生的原因。而那些没有提出异议的顾客，也许他们没有明显的需求，或者对产品或服务根本就不关心。因此，销售人员要用积极的态度对待顾客提出的异议。

对待异议如何处理呢，我们可以从以下几个方面来着手：

1. 变换立场，模拟列出异议并做好答案

"不打无准备之仗"是企业销售人员应对顾客异议应遵循的一个基本原则。将顾客可能会提出的各种异议列出来，并进行归类，为每条记录拟出回答的方法，并不断在每一次与顾客的交往中积累经验。面对顾客的异议，做一些事前准备可以做到心中有数、从容应对；反之，则可能惊慌失措，或不能给顾客一个圆满的答复。

2. 察言观色，主动提出异议并予以解答

在顾客提出异议之前，根据目前谈话的内容以及自己对顾客言语、神情等非语言信息的判断，凭借经验分析顾客可能提出的异议，主动提出并予以解答。

3. 在恰当的时机进行答复

美国某权威机构通过对几千名销售人员的研究发现，优秀销售人员所遇到的顾客严重反对的概率只是普通销售人员的1/10，其中的主要原因在于：优秀的销售人员对顾客的异议不仅能给予一个比较圆满的答复，而且能选择恰当的时机进行答复。可以说，懂得在何时回答顾客异议的销售人员会取得更大的成绩。

4. 幽默永远是沟通的好方法

从某种意义上来说，有幽默感的人是最受欢迎的，因为他们为彼此创造了欢乐。幽默永远是接近顾客的好方法，同样也是处理顾客异议时经常用到的方法。

5. 欣然赞同顾客，产生共鸣

站在顾客的角度，给予理解和认同，表达自己的同感，这种同感可以拉近彼此之间的距离，使顾客拒绝的心理得到遏制。比如顾客说："这个皮包的设计、颜色都非常棒，令人耳目一新，可惜皮的品质不是最好的。"销售人员："您真是好眼力，这个皮料的确不是最好的，若选用最好的皮料，价格恐怕要高出现在的五成以上。"

当顾客提出的异议有事实依据时，销售人员应该承认并欣然接受，同顾客产生共鸣，强力否认事实是不明智的举动。但注意一定要给顾客一些补偿，让他获得心理的平衡。

6. 适时赞美顾客

人人都渴望得到赞美，这是一种正常的心理需求，满足顾客的这种心理，就增加了交易成功的机会。赞美是取得对方好感的一个好方法，无疑也是预防顾客异议的一种利器。

给顾客三个选择

销售人员应该将顾客引入到一个选择环境中，并且顾客无论做哪种选择，都是对销售有利的。我们先看一个例子：

电话销售："您好，LD 笔记本专卖，请问您有什么需要？"

顾客："我想买台笔记本电脑。"

电话销售："好的，没问题，我们这里品牌齐全。您需要什么价位的？对品牌有要求吗？主要是办公还是娱乐？经常携带吗？"

顾客："不要太大的，七八千吧，也就是打打字，看看电影什么的。牌子嘛，最好一点。"

电话销售："好的。根据您的要求，我觉得 HB、AD 和 DL 中的几款都比较适合您，具体来看，HB 是国内第一大品牌，质量、服务都不错，但价格过高，有些不值。

"至于 AD，机器虽然便宜，但是售后服务跟不上，全国的维修点非常有限，以后机器出了问题不好修。

"而 DL 既是大品牌，售后又是免费上门服务，保修期内还能免费换新机，还有 24 小时的免费电话技术支持，就是价格高了一点而已，要知道笔记本的总价里有 30% 就是它的服务增值啊。"

顾客："那么，DL 的哪款机型性价比高一些呢？"

电话销售："我认为 B 款挺不错的，在同等价位中，它的配置是最高的。而且现在这款机正在搞促销活动，买笔记本加送笔记本锁、摄像头、清洁套装、128 兆 U 盘和正版杀毒软件，这可是个很好的机会呀。"

顾客："你们什么时候能送货上门？"

推荐的过程简单地说，就是找出符合顾客要求的产品，然后介绍它们的品牌、型号、配置和价格。最后由顾客来选择。这个选择性过程基本可以总结为以下两步：第一步，列举几种可供选择的产品和这些产品各自的特点；第二步，让顾客从中选择认可的一个备选选项。

顾客："你们的减肥产品主要有哪些？"

电话销售："我们代理的有三种减肥产品：一种是腹泻型的，它是通过大量的腹泻达到减肥的效果的，不过价格是最便宜的，像减肥胶囊、减肥茶等。这种适合那些不怕副作用而且身体强壮的人服用，优点是便宜，缺点是有副作用、服用痛苦。

"还有一种是抑制食欲型的，常见的就是减肥饼干、减肥食品的，一般人服用后再见到饭就感觉难以下咽，没有饥饿感。这一类基本都是中等价格，您现在服用的减肥产品就是这一类型的。不过长此下去，对身体也是不小的伤害。

"现在最流行的一种是高科技的减肥产品，比较安全并且没有副作用。这种产品的减肥原理主要是通过高科技方法，分解体内脂肪、抑制脂肪再生。而且使用效果好、停药后不反弹，也没有副作用，但是价格一般不是很贵就是中等，一般都在300元到400元不等。不过我们现在正在做促销，价格很便宜，还不到300元。建议您还是试一试这种新产品吧。"

需要提醒的是，销售人员切记只能推荐两到三款，三款最好。少了，顾客没有挑选的余地，自己也没有回旋的余地；多了，顾客会挑花眼，自己也会因为盲目推荐而没有目标。接下来的谈话很重要，要让顾客实实在在地体会产品本身的优异性能。

以上两个案例都体现了这一点，就是给顾客提供了三个可供选择的备选选项，并且表明每一个选项的利害得失。让顾客从自己的实际利益出发，作出认可的选择，完成营销的说服过程。

需要牢记的推销金律

成交是商务沟通的最终目标，需要好好把握。我们的努力的最终目的不外乎达成"成交"，不要以为成交是水到渠成的事情，成交也需要我们去促进。在成交时，必须记住以下的事项，否则最后可能会竹篮打水一场空。

第一，推销过程不要操之过急。不要低估确定潜在顾客的重要性。

第二，核算一下你确定的结果，看看其中的比例是多少？咨询一下主要人物在这个领域里要达成什么样的目标？如果你这样做了，你就能和你的竞争对手区分开来。

第三，一旦你通过电话与某人取得联系，一定要确保你们的首次会面是在电话会谈的基础之上进行的。不要让人觉得你从来没有跟对方接触过，感觉特别陌生或突兀。

第四，不要沉湎于一个顾客上。某公司营销员小王曾经为了一个顾客在成交前和他接触过三十多次。这听起来让人印象深刻，但是如果她把打电话的时间用在确定潜在顾客的努力上，那么她成交的交易何止一宗，也许是两宗或是更多。

第五，在面谈阶段不要试图进行产品陈述。不要把产品陈述和产品演示混淆起来。

第六，参观潜在顾客的生产设备，或是其他真实环境。鼓励你的潜在顾客到你的办公室来。

第七，如果你一次又一次地发现，你总是因为同样的异议而失去交易。比如说，你的价格过高，那么你可能就面临一个管理层面上的问题。这时，你就应当花些时间与你的销售经理谈谈你们公司的销售战略及市场定位问题。

第八，不要把大量的时间花在整理厚厚的报告、彩色的小册子上。

第九，该做记录的时候一定要做好记录！

第十，不要过多地相信媒体对你的目标公司的购买动机的宣传。媒体有时可能误导人。

第十一，要记住你是和某个或是某一群人工作，而不是某个机构。当然，你代表的是你们的公司，但是，进行产品陈述的是你而不是你的公司。因此，应当努力建立两种人之间的关系，而不是两个公司实体之间的关系。告诉你的潜在顾客是你要做这笔生意，而不是你的公司。

第十二，要找出购买你的产品或是服务的相关决策是如何制定的，或是购买相关产品的决策是如何制定的。

第十三，如果你与你的潜在顾客存在明显的年龄差异，或者是你们在专业的其他方面也不尽相同，那么他就不可能把你当成是平等的专业人士看待，这时候你就可以考虑同你的某个同事一起进行产品陈述。这种升级技术极其有效，特别是在你的潜在顾客需要你来帮助他打消疑虑时。

第十四，要瞄准高层。不要以为你不能向公司的高层人士进行你的产品陈述。即使这个人不直接参与你的产品或是服务的最终决策，他也是十分强大的联盟。

第十五，你要记住，在面谈阶段就把价格问题提出来，这样就可以减轻潜在顾客的很大压力。

第十六，对于你领域里出现的共同异议要有心理上的准备，要警惕一些相同的障碍。

最后，也是最重要的是守信用。这样顾客才会记住你，愿意与你成交。采田先价值后价格的技巧

销售经验告诉我们：价格对顾客而言永远都是偏高的，他们总觉得商家多赚了他们的钱。所以关键是销售员要让顾客觉得商品值这个价格。

以下这些常见的销售场景就是我们销售员经常会犯的错误：

顾客："你们的产品听说还不错，就是贵了点。"

销售员一："我们的产品比其他产品要高档、耐用，富贵花园（当地高档住宅）的人很多买我们的品牌，觉得很好用。"

销售员二："电器是用一辈子的，要买就买好的。"

销售员三："我们的产品比别人的口碑都好，这您也知道，贵也贵得实在。"

销售员四："拜托，这样子还嫌贵。"

销售员五："小姐，那您多少钱才肯要呢？"

销售员六："打完9折下来也就180元，已经很便宜了。"

销售员七："连我们这里都嫌贵，那你在全中国都买不到。"

销售员八："无论我们标价多少，顾客都会觉得贵的啦！"

场景中，从顾客的话里可以听出来，顾客的买点是"使用感觉好（感觉不错）＋比较实惠的价格（就是贵了点）"。

第一个场景中，显然这句话说明销售员对产品的定位是"使用感觉比较好＋高档产品高端消费"，这正好与顾客的定位相左。也就等于对顾客进行了错误的暗示：这款产品是高端产品，是给经济富裕的人用的，所以才贵。这时顾客会想，那等以后有钱再说吧。

第二个场景等于告诉顾客正确的价值取向是"买贵的才是好的"。换言之，等于是同意了顾客的看法：这款机型就是贵！但顾客其实想买的是好而不贵的产品，销售员这样应对就不是要成交，而

是要"断交"，根本没和顾客说到一块儿去。

第三个场景还是在"贵"上打转转，并没有从顾客的立场解释为什么这款产品其实并不贵。

第四个场景暗示顾客如果嫌贵就不要买了，有看不起顾客的味道。

第五个场景过早陷入讨价还价的被动局面，很容易使顾客对货品质量失去信赖，纯粹属于销售员自己主动挑起价格战，使得价格谈判代替商品价值成为决定顾客购买的关键因素。

第六个场景属于销售员主动让步，使自己在后续的价格谈判中失去了回旋的空间。

第七个场景显得太狂妄自大，令顾客感觉很不舒服。

第八个场景抢白顾客，暗示顾客不讲理。

顾客的需求本来是"好用＋实惠"，以上场景中的销售员都没有从这一根本点出发解释"好用＋实惠"。你不从顾客的买点出发，就没有交易可言了。抱怨产品价格贵，这是多数顾客会说的话，对于这类顾客，销售员与顾客对价格进行反复讨论是最不明智的。

销售员不能因为顾客说贵了，就惊慌失措或者生气。而应该采取"先价值后价格"的计策，通过列举产品的核心优点，在适当的时候与比自己报价低的产品相比较，列举一些权威专家的评论及公司产品获得的荣誉证书或奖杯等实例从多方面引导认可"一分钱一分货"的道理，让顾客充分认识到产品能给他带来的价值，消除顾客认为"昂贵"的感觉。

销售人员要告诉顾客一个道理，即买东西其实不一定是越便宜越好，关键是要看是否适合自己。所以销售员可以通过强调商品的卖点，告诉顾客付太多的钱并不明智，但付太少的钱风险更大的道理。付得太多，你只是损失掉一点钱，但如果你付得太少，有时你会损失所有的东西，因为商业平衡的规律告诉我们想付出最少而获得最多几乎不可能。销售员可以如此引导顾客认识，并询问顾客的看法。

如果对方默认或点头就立即用假设成交法建议顾客成交。所谓假设成交法就是假定顾客已经决定购买，而在细节上面询问顾客或者帮助对方作出决定。使用假设成交法前应该首先询问对方一两个问题，在得到顾客肯定的表示后再使用效果会更好。

销售员："确实，我承认如果单看价格，您有这种感觉很正常。只是我们的价格之所以会稍微高一些，是因为我们在质量上确实做得不错，我想您一定明白买对一样东西胜过买错三样东西的道理，您也一定不希望东西买回去只用几次就不能再使用了，那多浪费呀，您说是吧？我们这个品牌的专用灯具使用寿命长达8000小时，是普通白炽灯和灯具的8倍。又具有节能功能，能达到白炽灯60瓦的亮度，但是耗电量只需白炽灯的20%。虽说买时贵，但您用时就便宜啦。我给您算笔账您就清楚了。"

销售员在采用"先价值后价格"的计策之前，要学会收集和整理一些非常经典的说服辞令，譬如："买对一样东西胜过买错三样东西。"有许多顾客往往就是因为受这些非常新颖语句的触动而改变了自己的购买习惯。

在推介产品的过程中，销售人员要把握住产品的品质、工艺与外观等方面的优点，同时采用比较法、拆分法等计策向顾客友好地解释产品物超所值的原因，设法让顾客理解你产品的价值和认同由此带来的利益，让他们相信产品的价格与价值是相符的。另外，在列举要点的同时，销售人员可引用一些感性的数值，或者做一些辅助性的演示工作，加强销售语言的可信度。

·第八章·

消除顾虑，促成交易

　　销售员不仅要能说会道，还要成为精明的心理学家。因为销售是销售员和客户之间心与心的互动，谁能掌握客户内心，谁就能成为销售王者！心理效应是心理学中总结的常见心理规律，只要销售员能够灵活运用，就能产生强大的销售磁场，吸引消除客户顾虑，促成交易。

抓住顾客真正的异议

销售心理学一点通：错误的异议化解方式不但无助于推进销售，反而可能导致新的异议，甚至成为推销失败的重要因素。

一位顾客想买一辆汽车，看过产品之后，对车的性能很满意，现在所担心的就是售后服务了，于是，他再次来到甲车行，向推销员咨询。

准顾客："你们的售后服务怎么样？"

甲推销员："您放心，我们的售后服务绝对一流。我们公司多次被评为'顾客信得过'企业，我们公司的服务宗旨是顾客至上。"

准顾客："是吗？我的意思是说假如它出现质量问题等情况怎么办？"

甲推销员："我知道了，您是担心万一出了问题怎么办？您尽管放心，我们的服务承诺是在一天之内无条件退货，一周之内无条件换货，一月之内无偿保修。"

准顾客："是吗？"

甲推销员："那当然，我们可是中国名牌，您放心吧。"

准顾客："好吧。我知道了，我考虑考虑再说吧。谢谢你。再见。"

在甲车行没有得到满意答复，顾客又来到对面的乙车行，乙推销员接待了他。准顾客："你们的售后服务怎么样？"

乙推销员："先生，我很理解您对售后服务的关心，毕竟这可不是一次小的决策，那么，您所指的售后服务是哪些方面呢？"

准顾客："是这样，我以前买过类似的产品，但用了一段时间后就开始漏油，后来拿到厂家去修，修好后过了一个月又漏油。再去修了以后，对方说要收 5000 元修理费，我跟他们理论，他们还是不愿意承担这部分的费用，没办法，我只好自认倒霉。不知道你们在这方面怎么做的？"

乙推销员："先生，您真的很坦诚，除了关心这些还有其他方面吗？"

准顾客："没有了，主要就是这个。"

乙推销员："那好，先生，我很理解您对这方面的关心，确实也有顾客关心过同样的问题。我们公司的产品采用的是欧洲最新 AAA 级标准的加强型油路设计，这种设计具有极好的密封性，即使在正负温差 50 度，或者润滑系统失灵 20 小时的情况下也不会出现油路损坏的情况，所以漏油的概率极低。当然，任何事情都有万一，如果真的出现了漏油的情况，您也不用担心。这是我们的售后服务承诺：从您购买之日起工年之内免费保修，同时提供 24 小时内的主动上门的服务。您觉得怎么样？"

准顾客："那好，我放心了。"

最后，顾客在乙车行买了中意的汽车。

在推销过程中，顾客提出异议是很正常的，而且异议往往是顾客表示兴趣的一种信号。但遗憾的是，当顾客提出异议时，不少新入行的推销员往往不是首先识别异议，而是直接进入到化解异议的状态，这样极易造成顾客的不信赖。所以，错误的异议化解方式不但无助于推进销售，反而可能导致新的异议，甚至成为推销失败的重要因素。这个案例就是这类问题的典型代表。

案例中，顾客提出"你们的售后服务怎么样"，这个问题是顾客经过慎重考虑提出来的，是一种理性思考的结果。这时候，要化解顾客的异议就需要推销员具有超强的应变能力，并促使其决策。

甲推销员显然不懂得这个道理，当顾客提出疑问后，他在还没有识别顾客的异议时，就直接去应对，给出了自以为是的答案，顾客没有感到应有的尊重，认为推销员回答不够严谨，因此推销失败也就不足为奇了。

与之相反的是，乙推销员则采用了提问的方式："您所指的售后服务是哪些方面呢？"这种询问给予顾客被尊重的感觉，同时也协助顾客找到了问题的症结所在，然后又利用自己的专业知识，轻松化解了顾客的问题，获得了推销的成功。

这个案例表明，对顾客异议的正确理解甚至比提供正确的解决方案更重要。至少，针对顾客异议的提问表达了对顾客的关心与尊重。推销员只有找到症结所在，才能顺利成交。

让顾客更关注性价比

顾客："我是××防疫站陈科长，你们是某某公司吗？我找一下你们的销售。"

电话销售："哦，您好！请问您有什么事？"

顾客："我想咨询一下你们软件的报价，我们想上一套检验软件。"

电话销售："我们的报价是98800元。"

顾客："这么贵！有没有搞错。我们是防疫站，可不是有名的企业。"（态度非常高傲）

电话销售："我们的报价是基于以下两种情况：首先从我们的产品质量上考虑，我们历时5年开发了这套软件，我们与全国多家用户单位合作。对全国的意见和建议进行整理，并融入我们的软件中。所以我们软件的通用性、实用性、稳定性都有保障。另外，我们的检验软件能出检验记录，这在全国同行中，我们是首例，这也是我们引以为傲的。请您考察。"

顾客："这也太贵了！你看人家成都的才卖5万元。"

电话销售："陈科长，您说到成都的软件，我给您列举一下我们的软件与成都的软件的优缺点：咱们先说成都的，他们软件的功能模块很全，有检验、体检、管理、收费、领导查询等，但他们软件的宗旨是将软件做得全而不深。而我们的宗旨是将软件做到既广又深，就检验这一块来说，他们的软件要求录入大量的数据和需要人工计算，他们实现的功能只是打印，而再看我们的，我们只需要输入少量的原始数据即可，计算和出检验记录全部由计算机完成。这样既方便又快捷。另外，我们的软件也有领导查询和管理功能。在仪器和文档方面我们的软件也在不断改进，不断升级。"

顾客："不行，太贵。"（态度依然强硬）

电话销售："您看，是这样的，咱们买软件不仅买的是软件的功能，更主要的是软件的售后服务，作为工程类软件，它有许多与通用性软件不同的地方。我们向您承诺，在合同期间我们对软件免费升级、免费培训、免费安装、免费调试等。您知道，我们做的是全国的市场，这期间来往的费用也是很高的，但也是免费的。另外，在我们的用户中也有像您这样的顾客说我们的软件比较贵，但自从他们上了我们的软件以后就不再抱怨了，因为满足了他们的要求，甚至超过了他们的期望。我们的目标是：利用优质的产品和高质量的售后服务来平衡顾客价值与产品价格之间的差距，尽量使我们的顾客产生一种用我们的产品产生的价值与为得到这种产品而付出的价格相比值的感觉。"

顾客："是这样啊！你们能不能再便宜一点啊？"（态度已经有一点缓和）

电话销售："抱歉，陈科长您看，我们的软件质量在这儿摆着，确实不错。在 10 月 21 号我们参加了在上海举办的上海首届卫生博览会，在会上有很多同行、专家、学者。其中一位检验专家，他对检验、计算机、软件都很在行，他自己历时 6 年开发了一套软件，并考察了全国的市场，当看到我们的软件介绍和演示以后当场说：'你们的和深圳的软件在同行中是领先的。'这是一位专家对我们软件的真实评价。我们在各种展示中也获过很多奖，比如检验质量金奖、检验管理银奖等奖项。"

顾客："哦，是这样啊！看来你们的软件真有一定的优点。那你派一个工程师过来看一下我们这儿的情况，我们准备上你们的系统。"

至此，经过以上几轮谈判和策略安排，销售人员产品的高价格已被顾客接受，销售人员的目标已经实现了。在与别人谈判的过程中，如何说服你的顾客接受你的建议或意见，这其中有很大的学问，特别是在价格的谈判中。以下是价格谈判中的一些技巧和策略：

（1）在谈判过程中尽量列举一些产品的核心优点，并说一些与同行相比略高的特点，尽量避免说一些大众化的功能。

（2）在适当的时候可以与比自己的报价低的产品相比较，可以从以下几方面考虑：

①顾客的使用情况（当然你必须对你的和你对手的顾客使用情况非常了解；

②列举一些自己和竞争对手在为取得同一个项目工程，并同时展示产品和价格时，顾客的反应情况（当然，这些情况全都是对我们有利的）。

（3）列举一些公司的产品在参加各种各样的会议或博览会时专家、学者或有威望的人员对我们的产品的高度专业评语。

（4）列举一些公司产品获得的荣誉证书或奖杯等。

满足顾客砍价的乐趣

一天，一位顾客看重老张店里一套服装，标价为 800 元。

顾客说："你便宜点吧，500 元我就买。"

老张回道："你太狠了吧，再加 80 元，图个吉利。"

"不行，就 500 元。"

随后，老张又与顾客经过一番讨价还价，最终谈妥以 520 元成交。

但是，当顾客掏出钱包准备付款时，却发现自己身上只有 490 元。老张为难地说，"那太少了，哪怕给我凑个整 500 元呢？"顾客说："不是我不想卖，的确是钱不够啊。"最后，老张似乎狠下心说："好吧，就 490 元吧，算是给我今天买卖开张了，说实话，真的一分钱没挣你的。"顾客 490 元拿着这件衣服，开开心心地走了。

老张真的一分钱没赚吗？当然不可能。因为这只是老张故意使用的计策。其实老张心里最清楚不过，那件衣服进价也就 280 元，给出 800 元的标价为的是给顾客心理上制造"高档"商品的感觉，同时留出顾客"砍价"的空间，在讨价还价中得出顾客愿意支付的价格。最终，老张能赚得利润，顾客也在"砍价"过程中得到了乐趣和成就感，感觉自己占到了便宜，自然也就达成了一桩愉快的买卖。

每个顾客一般都会对预期商品有一个预期的心理价位。心理价位实际上就是他们对于所购买的物品有一种主观评价，顾客心理价位往往取决于他们消费能力以及对商品的偏好程度。因此，在销售的过程中，我们就必须对顾客的心理价位有一定的了解，从而才能在讨价还价时获得最大的利润。

对于顾客来说，购物常常是一场"斗志斗慧"的心理战。如果通过自己的"砍价"，买到一件价格明显低于自己设想而质地样式又特别喜欢的商品，心理上会产生极大的愉悦感和自豪感。同时不少顾客也会将"砍价"当成一种生活的乐趣。所以我们销售员也要迎合顾客的这种心理，满足他们"砍价"的乐趣。

销售员可以从以下几个方面掂量好"砍价"的分寸：

1. 顾客的迫切程度

我们可以从观察顾客的神情动作来判断他们对商品的喜欢程度，根据他们对商品所表现出来的喜欢程度决定价格的弹性幅度。顾客越迫切，越需要，我们就不能轻易降低商品的价格。如果无法从顾客的神情动作上判断出他们需要商品的迫切程度，我们还可以使出另外一招，即不断地与顾客攀谈他们买给谁，是不是送礼，是送给谁，还是自己用。

2. 顾客的经济实力

我们可以通过观察顾客的穿着和言行，判断他的经济实力，根据实际情况出价和降价。一般来说，经济实力强的人容易接受高价，而你用狮子大开口的方式来对待捉襟见肘的人，只会立即将他们吓跑。

此外，销售员要特别注意以下几点：

1. 价位的合理性

无论出于什么原因，任何顾客都会对价格产生异议，大都认为衣服价格比他想象的要高得多。这时，销售员必须从衣服在设计、质量、品牌等方面的优点来证明，价格是合理的。所谓"一分钱一分货"，只要你能说明定价的理由，顾客就会相信购买是值得的。

2. 多施小恩小惠

在讨价还价过程中，买卖双方都是要作出一定让步的。虽然每一个人都愿意在讨价还价中得到好处，但并非每个人都是贪得无厌的，多数人只要得到一点点好处，就会感到满足。因此，销售员在洽谈中要在小事上做出十分慷慨的样子，使买家感到已得到对方的优惠或让步。比如，增加或者替换一些小纽扣时不要向买家收费，等等。

3. 有步骤的降价

和买家讨价还价要分阶段一步一步地进行，不能一下子降得太多，而且每降一次要装出一副一筹莫展、束手无策的无奈模样。另外，讨价还价切不可一开始就亮底牌，有的销售员不讲究策略，洽谈一开始就把最低价抛出来，然而事实上，洽谈初始阶段，顾客是不太会相信销售人员的最低报价的。这样，也就无法谈下去了。

将顾客分门别类，有针对性地推销

一般情况下，我们可以把顾客分为近期有希望下订单的有效顾客、近期没希望下订单的潜在顾客、初期顾客和长期顾客四种类型。面对这几种类型的顾客你可以采取以下不同的策略。

1. 有效顾客

对于这类顾客，重点是争取让顾客下订单。通过前面与顾客的接触，我们发现这类顾客对我们的产品及服务有明确的需求，但还没到他们下订单的时候。这类顾客在顾客决策周期中处于哪个阶段呢？在这个阶段的顾客，他们在做什么工作呢？这就需要销售员与对方进行电话沟通时仔细探询顾客的需求。在这一阶段，顾客会发生什么事情呢？

（1）顾客处在分析、调查、论证阶段。

（2）顾客在决策。

（3）顾客在与其他公司接触以评估比较。

（4）我们对顾客的需求有误解。

（5）顾客可能在欺骗我们。

对于这些顾客，从整体上来讲，分为三种情况：

第一种是顾客确实有需求，而且也愿意提供销售机会。

第二种是顾客本来有需求，他们从内心深处根本就不想给我们机会，但在表面上给我们还有机会的假象。

第三种是顾客没有需求，只不过是我们误认为顾客有这种需求。

在这一阶段，分析判断顾客是属于哪一种情况就变得极为重要，如果我们判断错误的话，对我们制订销售策略将产生不利的影响。

2．潜在顾客

对于近期内没有合作可能性的顾客，也应该通过电子邮件、直邮等形式与顾客保持联系，同时，每 3 个月同顾客通一次电话。这样，可以让顾客感受到你的存在，当他产生需求的时候，能主动找到你。这样，可以用最少的时间来建立最有效的顾客关系。

3．初期顾客

初期顾客是指那些已经和我们建立了商务关系，但他们只给我们极小一部分的份额。也许这些顾客将是你的长期买主，只是你还没有打动他们的有力产品，或许你提供的服务还不足以让顾客特别满意，或者这些顾客只是抱着"试试看"的态度。不管是什么情况，这些顾客已经与我们有一段时间的交易往来了，但是没有积极推进我们的交易合作关系。因此，与这些顾客交易，我们的目标是增加我们总的商业交易额。我们需要在过去成功的经验之上，证明我们的交易关系是值得进一步推进的。这时，频繁的商务电话攻势就显得非常必要。

只有当你了解了为什么你的这位顾客没有给你更大的商业交易份额时，你才有可能在你们的合作关系上获得更大的进展。

4．长期顾客

建立长期顾客关系是针对那些与我们已经有过一段时间的稳固合作关系，并且已经成功地推进了合作关系的顾客。与这类顾客的联系可以巩固我们的地位，使我们成为这些顾客的主要或者全部供货者。最后，成为这些顾客的战略伙伴（记住，战略伙伴阶段是指顾客已经把我们列为其商业计划发展的一部分）。

总体来讲，无论对于哪一类顾客，我们都应当致力于与顾客发展长期的合作关系。对于现有顾客，我们的重点是在做好服务的同时，尽可能地提高顾客的忠诚度；对于潜在顾客，我们的重点则是争取订单。

　　只要存在积极的关系，你就拥有进一步推动关系的机会。当双方都受益时，交流才会继续。因此我们对不同类型的顾客应采取不同的跟进策略，这有赖于我们对顾客真实情况的掌握。在商务电话沟通中，我们所有的判断都要通过电话来进行。

准确地把握住成交时机

成交的时机就在你的身边，就看你怎么把握它。在沟通中，当你能准确地把握住时机，就可能获得巨大的利益。我们可以通过下面的方式来捕捉与顾客成交的时机。

1. 利用害怕失去的心态

利用对方怕占不到便宜的心理；利用对方怕过时的心理。告诉对方"货已不多了"，用"太可惜了""很遗憾"等语句来加剧对方的惜失心理刺激。请看下面的例子：

"您好，刘经理！我是××体育用品中心的××，可以跟您谈几分钟吗？"

"什么事？"

"是这样，我用一分钟和您谈点题外话，听口音，我猜您三十六七的年龄，对吧？根据医学统计，这个年龄是腰椎间盘突出的易发期。如果心里不太想得开，就容易发怒，是吧？我们说怒伤肾，这会给肾造成很大压力，时间长了特别不利于健康。这时候腰部器官的功能也会随之下降，什么腰肌劳损、肾虚这些病就找到您。所以我们建议这个年龄的男子，要多做运动，如果抽不出运动的时间，或找不出运动的场地，我们就建议您购买一台'扭转按摩仪'。"

"噢！过几天你送个过来让我看看。"

这里，就利用顾客的恐惧心理，达到引起顾客注意，唤起顾客购买的目的。

2. 敏锐的观察力

锻炼你敏锐的观察力可以帮助你捕捉时机。在业余时间里做一些智力测试，做完后要多思考。在打电话的时候，要灵活些。

3. 积极诱导客户

虽然顾客尚未开口表决，却已在无形中透露了内心的机密。这时营销员要注意捕捉顾客的需求，并用敦促的方法与顾客达成交易。关于这一点，在前面已经介绍过，在这里就不再赘述。

总之，要使与顾客的沟通成功而有效，我们就要学会善于在沟通过程中捕捉成交的良机。

4. 创造环境

营销人员在向顾客推销产品时，将个人情感引入其中，这往往会使你占据上风。在交谈中引入个人情感，几乎可以在任何问题上帮你获胜。

用广博的知识抓住稍纵即逝的机会

孙兴从美术学院毕业后，一时没找到对口的工作，就做起了房地产推销员。但3个月后，孙兴一套房子也没卖出去，按合同约定房地产公司不再续发底薪，这让他陷入了进退两难的境地。

一天，孙兴的一个大学同学向他提供了一个信息：有位熟人是某大学的教授，他住的宿舍楼正准备拆迁，还没拿定主意买什么样的房子。他劝孙兴不妨去试一试。

第二天，孙兴敲开了教授的家门，说明了来意。教授客气地把他带到客厅。当时，教授刚上中学的儿子正在支起的画板架上画着"静物"。孙兴一边向教授介绍自己推销的房产情况，一边不时地瞄上几眼孩子的画。

教授半闭着眼睛听完孙兴的介绍，说："既然是熟人介绍来的，那我考虑一下。"孙兴通过观察，发现教授只是出于礼貌而应和，对他所说的房子其实并没有多大兴趣，心里一时没了谱，不知道接下来该说什么，气氛一时变得很尴尬。

这时孙兴看到孩子的画有几处毛病，而孩子却浑然不知，便站起身来走到孩子跟前，告诉他哪些地方画得好，哪些地方画得不好，并拿过画笔娴熟地在画布上勾勾点点，画的立体感顷刻就凸现出来了。

孩子高兴地拍着手说："叔叔真是太棒了！"略懂绘画的教授也吃惊地瞧着孙兴，禁不住赞道："没想到你还有这两下子，一看就是科班出身，功底不浅啊！"他还感激地说，"有时候，我也看出孩子画得不是那么回事儿，可我却一知半解，不知怎么辅导，经你这么一点拨，就明白了，你真帮了我的大忙了！"

接下来，孙兴同教授颇有兴致地谈起了绘画艺术，并把自己学画的经历说了一遍。他还告诉教授应该怎样选择适合孩子的基础训练课目，并答应说以后有时间还要来给孩子讲讲课。孙兴的一番话，让教授产生了好感，也开了眼界，一改刚才的寒暄连连点头称是。两个人的谈话越来越投机。

后来，教授主动把话题扯到房子上来。他边给孙兴端上一杯热茶边说："这些日子，我和其他几个老师也见了不少推销房产的，他们介绍的情况和你的差不多。我们也打算抽空去看看，买房子不是小事，得慎重才行。"

教授又看了孙兴一眼，接着说："说心里话，我们当老师的就喜欢学生，特别是有才华的。你的画技真让我佩服！同样是买房子，买谁的不是买，为什么不买你的呢？这样吧，过两天，我联系几个要买房的同事去你们公司看看，如果合适就非你莫属，怎么样？"

半个月后，经过双方磋商，学校里的十几名教师与孙兴签订了购房合同。

推销员的知识面越广，专业实力越强，成功的机会就越多。尤其当顾客出现麻烦、需要帮助时，这些知识随时都会派上用场。如能抓住机会，帮上一把，必能让对方心生感激、刮目相看，从而打开成功的大门。

房地产推销员孙兴通过熟人介绍，得到了一个销售信息，他登门拜访，并详细陈述房子的情况，但潜在顾客对房子并未产生很大的兴趣，谈话陷入了尴尬的场面。至此，说明孙兴的策略失败了。如果不改变策略的话，就会失去这次销售机会。

美术专业出身的孙兴看到顾客的孩子正在画的画有几处毛病，于是对孩子进行了简单的指导，这一举动让顾客大为惊讶，他没有想到一个房地产推销员有如此高的美术专业素养。孙兴抓住这个机会，与顾客探讨绘画艺术，用自己的知识逐渐赢得了顾客的好感和认可。最后，顾客不但自己买了房子，还推荐其他同事到孙兴的公司买房。

孙兴用自己广博的知识抓住了稍纵即逝的机会，并取得了成功。可见，销售人员只有不断丰富自己的知识，才能在关键时刻抓住成功的机会。

·第九章·

维护客户的长期忠诚度

　　忠诚的顾客会为企业做很多贡献，但是他们也随时随刻可能离开，因为市场上的选择太多了，而您的竞争对手也在不惜一切想要争夺这些顾客。在越来越多的企业开始向以顾客为中心的方向转变的时候，"忠实于顾客"就不是一个"是否"要做到的问题，而是"最快什么时候"可以做到、如何抢先于竞争对手的问题。

维护好老顾客

营销大师原一平说，推销员都知道确保老顾客非常重要，但在实际行动上往往草率从事，马马虎虎，怠慢老顾客。这样做的后果是很可怕的。

要当心竞争对手正窥视你的老顾客。同行的竞争对手正在对你已经获得的顾客虎视眈眈。你对老用户在服务方面的怠慢可使竞争对手有可乘之机，如不迅速采取措施，用不了多长时间你就要陷入危机之中。

要采取必要的防卫措施。已经得到的市场一旦被竞争对手夺走，要想再夺回来可就不那么容易了。

老顾客与你断绝关系大半是因为你伤了对方的感情。一旦如此，要想重修旧好，要比开始时困难得多。因此，推销员要一丝不苟地对竞争对手采取防卫措施，千万不要掉以轻心。

如果竞争对手利用你对老顾客的怠慢，以相当便宜的价格向老顾客供货，但尚未公开这么做时，你马上采取措施还来得及。你要将上述情况直接向上司汇报，研究包括降价在内的相关对策。必须在竞争对手尚未公开取而代之前把对手挤走。

当老顾客正式提出与你终止交易时，往往是竞争对手已比较牢固地取代本公司之后的事情了，要想挽回已为时过晚，想立即修好恢复以往的伙伴关系更是相当困难了。

这个时候销售员如果恼羞成怒和对方大吵大闹，或哭丧着脸低声下气地哀求都是下策。

聪明的办法是坦率地老老实实地承认自己的错，并肯定竞争对手的一些长处，同时心平气和地请求对方继续保持交易关系。在这种情况下，即使对方态度冷淡不加理睬也要耐心地说服对方，使对方感到你的诚意。

及时打售后电话

一位顾客几年前刚买了套新房子，虽然他非常中意这房子，但由于它的售价很高，交易完成后，这位顾客一直在为自己这笔买卖做得是否值得而心存焦虑。当他搬进新居后，大约过了两个星期，销售这套房子的销售员就打来了电话。

销售员："嗨，彼得先生，我是杰克。恭喜您住进了新居。"

顾客："杰克，谢谢。"

销售员："彼得先生，真佩服您的慧眼独具，挑中了这么一套好房子。"

顾客："你客气了，我感觉这套房子买得有点贵了。"

推销员："彼得先生，怪我没跟您说清楚，这套房子确实是物超所值。您是不是感觉到这里的治安特别好，周围的环境也特别清静？对您这样需要休养的人士来说，是最合适不过的了。"

顾客："我已经感觉到了这一点，周围的环境是挺不错。"

推销员："附近几家房屋的买主多是地方上赫赫有名的人士，他们都需要好的休息环境，所以也选择了这里。"

顾客："你是说，我的邻居们都是一些当地有名的人士！"

推销员："是这样的，彼得先生，要不怎么说您独具慧眼呢！"

顾客："杰克，这可也有你一部分功劳呀。对了，我有一位朋友对这附近的一幢房子感兴趣，你去跟他联系一下吧！"

推销员："太谢谢了，有您这样的老朋友真是我的荣幸。"

案例中的顾客正在为买价是否过高而心存焦虑时，销售员打电话向顾客道贺，赞赏他慧眼独具，挑中了这个好房子，还聊到这附近的良好的治安和环境，指出附近几家房屋的买主多是地方上赫赫有名的人士，使顾客不禁引以为豪，认为自己买对了，最后还推荐了自己的朋友。

一般来说，新顾客对于他们刚买下的商品有两种态度，一是庆幸自己买对了，二是后悔自己买错了。如果是第一种态度并且商品使用起来的确很方便，他们更会赞不绝口，乐于向他们的亲朋好友推荐。而如果是第二种态度并且商品使用起来很不方便，则他们会将抱怨向四周扩散，影响其他人的购买。因此，销售人员每隔一周左右应打电话关切地询问顾客使用产品的情况，若有任何不清楚的地方，销售员一定要提供周全的咨询服务。这样一来，这些顾客将会得到满意的处理结果，通过他们，你就可以开发出更多的潜在顾客。

所以，交易结束后，我们最主要的工作是发展同老顾客的友谊。具体工作是，我们要为完成交易的顾客建立档案，并进行跟踪服务和展开人情攻势，不仅使之继续购买我们的产品，还要使之作为我们的朋友为我们推荐新顾客。因此，我们一定要注意发展与老顾客的友谊。

同成交的顾客保持密切的联系

千万不要销售成功就立刻走人，要为下次销售埋下种子。比如一个优秀的推销员会适时地询问老顾客是否还有其他的需求，以便寻求下一次合作的机会。老顾客需要新的产品时，如果推销员及时地把最新产品信息反馈给老顾客就很容易实现二次销售。

并且一定要让顾客感受到，你非常珍视与他们的交易。要让他们明白，你对他们的决定深信不疑，一旦有机会，你还会给予他们帮助。

李东自己经营一家电脑公司，他同时负责公司的电脑销售，而且在这方面做得非常好。他说："一旦新电脑出了什么问题，顾客打电话来要求维修，我会马上带着负责维修的工作人员前去维修，并会设法安抚顾客，让他不要生气。我会告诉他，我们的人一定会把维修工作做好，他一定会觉得特别的满意，这也是我的工作。没有成功的售后服务，便不会有再次交易。如果顾客仍觉得存在严重的问题，我的责任就是要和顾客站在一边，确保他的电脑能够正常运行。我会帮助顾客争取进一步的维护和修理，我会同他共同战斗，一起与电脑维修人员沟通，一起应付电脑供货商和制造商。无论何时何地，我总是要和我的顾客站在一起，与他们同呼吸、共命运。"

李东将维护与顾客的长期关系当作是长期的投资，绝不会卖一台电脑后即置顾客于不顾。他本着来日方长、后会有期的态度，希望他日顾客为他介绍亲朋好友来买电脑，或顾客的子女长大成人后，继续将电脑卖给其子女。电脑卖出之后，他总希望让顾客感到买到了一台好电脑。顾客的亲戚朋友想买电脑时，自然首先便会考虑找他，这就是他的最终目标。

电脑卖给顾客后，若顾客没有任何联系的话，他就试着不断地与那位顾客接触。打电话给老顾客时，他开门见山便问："你以前买的电脑情况如何？"通常白天电话打到顾客家里时，接电话的多半是顾客家的保姆，她一般会回答："电脑情况很好。"他再问："有什么问题没有？"顺便向对方示意，在保修期内该将电脑仔细检查一遍，并让她提醒雇主在这期间送到厂里检修是免费的。

他也常常对顾客家的保姆说："假使你需要装什么软件或程序的话，请打电话过来，我们会马上过去免费安装，并免费给你提供技术指导，请你及时提醒你的雇主。"

李东说："我不希望只销售给他这一台电脑，我特别珍惜我的顾客，我希望他以后所买的每一台电脑都是从我这里销售出去的。"

把新的资料和信息及时反馈给老顾客，询问老顾客的特殊需求，这样第二笔生意就有了成交的可能，同时也为第二次交易设置了一个良好的开端。

我们要懂得维护与顾客的关系，并和他们保持密切的联系，不要因为这样那样的原因，最终失掉一些老顾客。

做好访问记录

对于推销员来说，一个订单的签订通常都要和顾客经过一段时间的接触与交流。在这个过程中，推销员为了促成交易，必须尽可能多地搜集有关顾客的信息，同时也需要及时把握顾客的购买意向。因此，在推销过程中一定要做好每天的访问记录，一方面记录在交流中掌握的顾客信息，一方面记录那些已经有购买意向的顾客的条件或需求。这样在再次拜访顾客的时候，既可以有针对性地"谈判"，又可以避免出现前后不一的情况。

艾伦一直在向一位顾客推销一台压板机，并希望对方订货。然而顾客却无动于衷。他接二连三地向顾客介绍了机器的各种优点。同时，他还向顾客提出到目前为止，交货期一直定为 6 个月，从明年一月份起，交货期将设为 12 个月。顾客告诉艾伦，他自己不能马上做决定，并告诉艾伦，下月再来见他。到了一月份，艾伦又去拜访他的顾客，他把过去曾提过的交货期忘得一干二净。当顾客再次向他询问交货期限时，他仍说是 6 个月。

艾伦在交货期问题上颠三倒四。忽然，艾伦想起他在一本推销书上看到的一条妙计：在背水一战的情况下，应在推销的最后阶段向顾客提供最优惠的价格条件。因为只有这样才能促成交易。于是，他向顾客建议，只要马上订货，可以降价 10%。而上次磋商时，他说过削价的最大限度为 5%，顾客听他现在又这么说，一气之下终止了洽谈。

如果艾伦在第一次拜访后有很好的访问记录；如果他不是在交货期和削价等问题上颠三倒四；如果他能在第二次拜访之前，想一下上次拜访的经过，做好准备，第二次的洽谈很可能就会成功了。由此可见，做记录是多么的有必要。

齐藤竹之助的口袋里总装有几样法宝一记录用纸和笔记本。在打电话、进行拜访以及听演讲或是读书时，都可以用得上。打电话时，顺手把对方的话记录下来；拜访时，在纸上写出具体例子和数字转交给顾客；在听演讲或读书时，可以把要点和感兴趣之处记下来。

乔·吉拉德认为，推销人员应该像一台机器，具有录音机和电脑的功能，在和顾客交往过程中，将顾客所说的有用情况都记录下来，从中把握一些有用的东西。所以他总是随身带着一个本子，及时记录各种顾客信息。

顾客访问记录不仅包括与顾客交流过程中的重要信息，如交货时间、货物价格、优惠幅度等，还应该包括顾客特别感兴趣的问题及顾客提出的反对意见。有了这些记录，才能有的放矢地进行准备，更好地进行以后的拜访工作。

此外，推销员还应该把有用的数据和灵光一现的想法及时记录下来，同时对自己工作中的优点与不足也应该详细地记录下来。长期积累你就会发现这些记录是一笔宝贵的财富。

预防大顾客流失

企业与企业之间本来就是一场争夺顾客的战争，尤其争夺大顾客是一场事关企业生死存亡的关键。顾客的流动是正常的，但如果损失了大顾客我们都没有预防的策略，那企业肯定会遭受重创。

一些高层管理人员经常诧异地说："不久前与顾客的关系还好好的，一会儿'风向'就变了，真不明白这是为什么。"很多企业，甚至大型企业，在面对顾客流失危机的时候也束手无策，只能无奈地发出"告诉我你为什么要离去"这样的感慨。

根据某营销咨询机构研究中心针对大顾客的一次调查结果显示，91%以上接受调查的大顾客认为可以长期合作的供应商应该具备四个最基本的条件：第一，有良好的产品质量；第二，要有满意的服务质量；第三，交货及时、足量（包括紧急需要时），物流顺畅；第四，产品或服务的让渡价值等于或高于竞争对手，即产品或服务的附加值不能低于竞争对手。

当我们的工作在上面任何一个环节中出现纰漏时，大顾客都有可能发生叛离。

顾客流失已成为很多企业所面临的危机，他们大多也都知道失去一个老顾客会带来巨大损失，也许需要再开发十个新顾客才能予以弥补。但当问及顾客为什么流失时，很多销售人员一脸迷茫，谈到如何防范，更是不知所措。

顾客的需求不能得到切实有效的满足往往是导致顾客流失的最关键因素。一般情况下，企业应从以下几个方面入手来防范顾客流失：与顾客合作的过程很多属于短期行为，这就需要对其顾客灌输长期合作的好处，对其短期行为进行成本分析，指出其短期行为不仅给企业带来很多的不利，而且还给顾客本身带来了资源和成本的浪费。企业应该向老顾客充分阐述自己企业的美好远景，使老顾客认识到自己只有跟随企业才能够获得长期的利益，这样才能使顾客与企业同甘苦、共患难，不会被短期的高额利润所迷惑，而投奔竞争对手。

通过对目前的大顾客叛离原因的调查，我们可以从以下几个方面入手进行预防：

1．与大顾客及时深度的沟通

有助于维护与大顾客的关系长久，并能够及时了解大顾客的需求变化。

2．调查顾客的期望与建议

只有了解了顾客对我们的期望与建议，我们才能将工作做得更好。

3．问候与回访

不能小看一些不起眼的小礼品与小恩惠，那些常常能使顾客感受到温暖。

4．提高产品质量并防范对手

产品质量是根本，而只有了解对于，我们才能做好防范工作。

5．对市场反应敏感

企业应及时提供顾客订购的产品或服务，及时掌握产品在市场上的反馈信息，并能迅速处理关于产品的异议和抱怨。

保持与老顾客的长期联系

新顾客与我们进行了长时间的合作之后，就会成为我们的老顾客，但一定要记住：老顾客并不是我们的永久顾客。也就是说，老顾客如果不注意维护的话，也会流失掉。

要想保住老顾客，除了我们所提供的产品或服务质量过硬以及有良好的售后服务外，我们还应该定期与顾客保持联系。成功的顾客服务人员是不会卖完东西就将顾客忘掉的。

交易后与顾客持续保持联络，不仅可以使顾客牢牢记住你与公司的名字，而且还会增强顾客对你的信任感，从而为他们向你推荐新顾客奠定感情基础。

聪明的企业，肯把大力气花在售后与老顾客的联系上，目的就是为了巩固与老顾客的关系。因为，在市场景气时，这些老顾客能将生意推向高潮；在市场萧条时，这些老客户又能使公司维持生存。老顾客对公司的生死存亡有着十分重要的意义，因此一定要保持与顾客的长期联系。和顾客保持联系的方式主要有：

1. 打电话

如今人与人之间的沟通交流缺不了电话这个道具，尤其是我们与顾客的联系，一个小小的电话可以帮助我们与顾客建立亲密的关系。电话是一种最便捷的工具，当然是首选。

博恩·崔西是世界顶级管理与营销培训大师，被认为是全球推销员的典范，曾被列入"全美十大杰出推销员"。这位大师十分注重和顾客建立长期联系的作用，并且在对学员的培训中一直强调这一点，他说："必须向顾客提供一种长期关系，然后尽一切努力去建立和维护这种关系。"与顾客建立联系除了建立在销售目标之上的销售沟通之外，其实还可以包括很多方式，而有时交易之外的联系往往更容易使你和顾客保持亲近。

这里所谓的"交易之外的联系"，主要是指不将销售产品或服务作为行为动机，和顾客进行轻松愉悦的交流，赢得顾客的信任，甚至和顾客成为朋友的联系方式。很多销售高手都提出，他们真正的销售额几乎都是在谈判桌和办公室之外完成的。

2. 发短信

短信经济、快速、令人感到亲切。因此，发短信也是一个与顾客保持长期接触的方法。使用短信时有一点要注意，即慎重使用产品和服务介绍。当销售人员准备通过以短信的方式向顾客介绍产品或者服务时，最好预先告诉顾客。如果盲目地从什么渠道获取手机号码就向他们发短信，这样做的结果只会招来手机用户的投诉。

3. 写信件、明信片

很多销售人员用电子的方式代替明信片和手写信件，成本会降低，效率会提高。不过，作为传统的手写信件、明信片在销售中确实也有不可估量的作用。如果采用信件、明信片，可以给顾客与众不同的感觉，使他在倍感亲切的同时又感受到被人重视的感觉。

4. 邮寄礼品

节日来临的时候，在条件允许的情况下，最好能给顾客邮寄些实质性的礼品，这是实施情感营销的必要环节。例如：中国电信的一个大顾客经理打了很多次电话给一个顾客，可是顾客都不见他，后来他送了部公司刚出的新电话机。第二天再打电话给顾客的时候，顾客的态度发生了很大的变化。有人问那位大顾客经理："这主要是什么原因呢?"大顾客经理想了想,说:"他觉得我真的在关心他,在乎他。"事实正是如此,小小的礼品,不一定很昂贵,却能使顾客感受到你的关心,从心理上接受了你。

· 第十章 ·

构建产品美好的蓝图

在你销售一件产品和服务的过程中，有某种东西肯定是顾客想得到的益处，或者说这种东西能够帮助顾客解决现在面临的问题，你一定要通过倾听或提问，把它找出来，然后告诉顾客，你的产品能够给他带来他想要的效益，帮他解决他想解决的问题。

讲明产品就是顾客想要的

购物是要花钱的，所以没有哪个人会去买不急用或不能给自己带来现实好处的产品。只有能准确判断或帮助顾客找出他们想从产品中得到什么效益和解决方案，你的销售工作才能顺利展开。

如果一个人的衣服旧了，他会考虑买一件新衣服；如果急需一台电脑，他会考虑去买台新电脑，以便能够更好地工作；如果还没有房子，他会努力工作，攒钱买房子，以便有一个温馨的家……

只有人们需要的时候才买东西，并且买的东西能给生活上或心理上更多的满足感。当他们在购买产品的时候，更关心产品带给他们自身的效益以及能够为他们解决多少问题。

从某种角度上说，顾客购买的不是产品，而是对自身问题的解决和对自己需求的满足。他们希望用自己腰包里的钱交换销售人员手中的"方案和效益"。按照商品等价交换的原则。即是顾客从我们这里得到了好处，他才会用等价的钱作为交换。

在每单销售中，顾客购买或不买都有一个顾客在寻求自己关心的利益点的过程。这是顾客必须确保的一件事情。只有他确定这种产品能够给他带来益处或能帮助他解决面临的问题时，他才可能购买。推销员的工作就是揭示这一关键的利益，进而说服顾客，让他相信如果购买了你的产品或服务，他就会享有这些利益，自身心理上的需求会得到满足。同时，每单销售都有一个关键的阻碍，即顾客迟疑或决心不买的主要原因。你要揭示出这一关键的阻碍，并想办法消除它的影响，让顾客满意。

如果他的购买决心还没有下，你可帮他把这种购买实现的好处讲给他听，以促使他下决心。

王子琪是一家家用电器公司的推销员，一次，他通过朋友得知，某社区敬老院预购买一批洗衣机，于是就来到该敬老院推销产品。

敬老院的院长赵卫东接待了王子琪。知道了王子琪的来意后，赵院长明确表示："我们确实想换几台洗衣机，但是，今天上午已经来了三个推销员了。我正考虑买哪一种呢。这样吧，你也跟他们一样，留下一张名片，等我考虑好了给你打电话。"

王子琪知道，面对几个竞争对手只有突出自己产品的优势才能让刘方选择自己的产品，如果只留下一张名片就离开，很难说他们会选谁的，因此决定进一步与赵院长沟通一下。他问赵院长："敬老院原来有洗衣机，为什么要换呢？"

赵院长说："原来的洗衣机用的年头多了，经常出毛病。而且现在老人多了，要洗的衣服也增加了，所以才想买几台。"

"是呀，洗衣机的修理既耗费时间又耗费精力。所以，我想帮您介绍一下我们公司的洗衣机，我想它一定可以很好地帮您解决这个头疼的问题。"王子琪说道。赵院长并不相信，摇摇头说："全天下的洗衣机的保修期差不多都是一年。"

王子琪郑重承诺："我们公司的洗衣机不一样，保修期不是一年，而是三年，并且，三年后还会负责上门维修，费用才是市场价的一半，这是我们产品的最大优势。"

听王子琪如此说，赵院长有些意外："那洗衣机的其他功能怎么样啊？"

"我们公司洗衣机的其他功能跟其他公司的洗衣机是一样的，费用也跟同类产品差不多，但我们的服务是其他公司所不能比拟的。同样的价钱拿不一样的服务绝对是物超所值。"王子琪努力突出自己公司产品的竞争优势。

赵院长听到这，马上心动了："好吧，如果是这样，那你给我说说买洗衣机的具体细节吧。"

如果你已经知道顾客有购买的需求，而对方又迟迟犹豫不决时、可以用这种方法，让对方在你不断地提问中知道了自己想要从商品中获得什么益处或者想解决什么问题，并且让他觉得你所说的就是他想要的，这个时候他就会很快做出购买决定的。

不足和缺陷也可以作为底牌

无论是产品还是服务都不可能是十全十美的，都必然存在某方面的不足或者缺陷，可是要知道，这是就某方面而言的。换句话说，不足或者缺陷不是绝对的，而是相对的。进一步说，有的时候，不足或者缺陷可能是另一种优势。

房地产公司的拉姆承担了一项艰巨的推销工作。因为他要推销的那块土地紧邻一家面粉加工厂，机器马达的噪音让一般人难以接受。虽然这片土地接近车站，交通非常便利，但是在这里建造的20套房子售出的仍是寥寥无几，就是因为这里有很大的噪音。所以开发商想把这块地皮和房子一同售给一家大的企业，作为他们的职工住房。开发商多次和对方谈判，可是没有任何结果，无奈之下，开发商找了房产经纪人，而拉姆就出任了这块土地的推销经纪人。

拉姆了解到购买土地的这家大型企业所要求的价格和条件与这些房子大体相同，而且这家单位以前也在这附近待过，那时面粉厂的噪音也是不绝于耳。于是拉姆去拜访这家单位的负责人，希望与他们进一步沟通。

"这个地段交通便利，比附近的土地价格和房屋价格都便宜了许多。当然，之所以便宜自有它的原因，就是因为它紧挨着一家面粉加工厂，噪音比较大。如果您能容忍噪音，那么它的地理条件、价格标准与您希望的非常相符，你们单位职工上下班也方便，很适合您购买。"拉姆有策略地对那块土地做了介绍。

不久，那位企业比较理性的负责人去了现场参观考察，结果非常满意，他对拉姆说："上次，你特地提到噪音问题，我以为噪音一定很严重，我观察了一下发现那些噪音的程度对我们的工作来说不算什么，我们以前工作的地方整天重型卡车来来往往，络绎不绝，而这里的噪音一天只有几个小时，而且这种声音并不振动门窗，所以我很满意。另外，你这个人很真实，要是换成别人或许会隐瞒这个缺点，在刚接触这里的开发商时，他就是故意避开噪音这一缺点，说这块土地完美得不能再完美！所以，我总觉得我们好像是被欺骗了似的。当你们的那个开发商再找我的时候，我就一口拒绝了。你这么坦诚，反而使我产生了好感。"

拉姆顺利做成了这笔看似非常难成的生意。

据上例可知，假如拉姆吹得天花乱坠，单一地强调房子的价格便宜，交通便利，和开发商以前所做的工作几乎没有区别，那么，那位理性的老板同样会回绝的。而拉姆相反，没有将它的缺点当成绝对的缺点，因为正是这个缺点，才让价格降了下来，从这个角度上讲，它还是一种另类的优势。拉姆将它的缺点，作为底牌，如实却又巧妙地亮了出来，反倒博得了企业老板的好感，也因此做成了交易。

有些时候，把产品的不足或缺陷当作底牌，在适当的机会亮出来，会使你及你的商品更具有魅力，往往更能令理性的顾客折服。

假如你把商品说得完美无缺，反而会引起理性顾客的疑问。有的时候，你也许会用你的文雅风度、社会地位、善良的行为和知识积累，去赢得他人对你的暂时信任，但问题存在着，一旦被对方看破，你的优势就会被一扫而光，交易就不用提了。

底牌，不一定是亮点、优势，有的时候，不足和缺陷也可以作为底牌，在恰当的时候亮出来，同样可以起到正向作用。

充分认识到产品的核心价值

顾客愿意购买自己喜欢的产品，主要是因为产品的使用价值在起作用。人们在购买产品时都必然会考虑到产品的功能、外观造型、价格等问题。产品的功能强大、性能优良、外观漂亮、操作方便、价格合理等条件无疑会提高产品的价值，产品价值的高低是影响顾客是否愿意购买的重要因素。

产品的价值是由产品的核心价值、附加价值等几个主要因素构成的。产品除了具备的核心价值之外，还有很多可利用的附加价值，有的顾客就是被这些附加的价值所打动。比如，一条漂亮的围巾，它的核心价值是御寒保暖，但是有些顾客把它作为一种装饰用在别的地方也未尝不可。

但是真正能打动顾客的最终还是产品的核心价值，只要核心价值符合了顾客心中的期望值，价格的障碍自然不攻而破。销售中，最重要的就是直接向顾客陈述产品的核心价值。

产品的核心价值是帮助顾客有效解决实际问题，因此，在销售过程中，销售人员的谈话内容一定要具有明确的目的，尤其是在进入产品销售阶段后，销售人员与顾客之间已经有了初步的了解。如果顾客乐于与你继续交谈，说明他基本认同你所推销的产品或者服务，这时，必须紧扣产品的核心价值所在，让顾客明白购买带来的好处和利益。

只有让顾客在尽可能短的时间内，感觉到产品或服务物有所值，才有可能激发其与销售人员继续交流下去的欲望。

李凤伟是某通信公司的电话卡销售员，她每次在与顾客通话的时候，都是直奔主题，告诉顾客购买电话卡所带来的实际好处。一天，她又打通了一位顾客的电话。

李凤伟："早上好，王经理，现在接电话方便吗？"

顾客："方便，请问哪位？"

李凤伟："我口叫李凤伟，您直接叫我小李就可以了。"

顾客："什么事情？"

李凤伟："是这样的，王经理，我们公司最新推出一项新的电话卡服务，这种服务的最大优点是可以立刻为您节省30%的电话费用。我能占用您一到两分钟的宝贵时间，向您做一个简单的介绍吗？"

顾客："哦，有这么优惠的电话卡吗？"

就这样，李凤伟顺利打开了话题。

在这个例子中，李凤伟避开过多的赘述，直接向顾客讲述了产品的核心价值——为顾客节省30%的电话费用，从而吸引了顾客的注意力。其实在销售活动中，这是一种极其有效的销售方法，直奔主题：给顾客一个措手不及，往往可以在瞬间抓住对方的心。但是，销售人员应该向顾客展示哪些产品价值呢？第一，必须准确地定位产品的核心价值所在；第二，要强调产品给顾客带来的实际利益。

有位顾客走进一家家用电器商店。

销售员郭小峰迎上前来："您好，欢迎光临！请问有什么可以帮您的？"

顾客表示想买一台电风扇。

小郭立刻将顾客带到风扇销售区，然后一一向顾客做了简单的介绍。顾客看过之后说："这些风扇看起来挺不错，但就是价格有点偏高了。"

小郭解释说："您说的一点都没错，刚开始的时候我也和您一样的想法。但是经过这么长时间的经营和销售，我发现这个品牌的风扇质量相当可靠，出现质量问题的概率非常小。如果您买一台便宜点的风扇，质量可能就得不到保证，以后光维修费就可能是不小的一笔开支。所以比较起来，我认为这种风扇的价格还是比较合理的。您觉得呢？"

最后，顾客认同了小郭的看法，买卖很快成交了。

从专业的角度讲，产品的核心价值就是指可以展现出产品持续的生命力，同时可以持续塑造的元素组合。简单地讲，就是产品的独特卖点，销售人员在向顾客介绍的时候，一定要抓住这一点。一个产品之所以有别于其他同类产品，最根本的不同就是核心价值的不同。任何一个产品都有自身的核心价值，这也是打动顾客的真正原因。通常，一个产品的价值很多，但核心价值往往只有一个。因此，销售人员如何准确定位产品的核心价值就成为销售的关键。

销售人员要想准确地抓住产品的核心价值，就要做到以下几点：通读说明书或者搜集与产品相关的信息，产品的明确定位；对产品的功能有个全面的了解；了解产品设计者的想法和对市场未来趋势的判断；有条件的话，多与产品设计者沟通；配合产品售后服务，与售后人员时刻保持沟通。

销售人员向顾客介绍产品的核心价值，一定要有一个基本点，即突出产品的核心价值；同时建立一条有效的途径，一套标准的流程来满足顾客的需求。只要能帮助顾客解决问题，顾客自然被吸引过来，而你也就可以将产品销售出去。

充分认识到产品的核心价值所在，销售人员在推销产品时，必须充分认识到自己所推销的产品能给顾客带来什么利益，只有这样，才能让顾客感觉到你的价值，顾客才乐意与你交流。直接告知顾客产品为其带来的利益，向顾客推销某个产品或某项服务，最终目的是帮助顾客解决遇到的实际问题。

因此，在销售过程中，销售人员介绍产品时不妨直接告诉顾客产品带给他们的好处，这往往更容易吸引对方的注意力。尤其是在产品销售进入关键的阶段时，由于顾客对产品已经有了初步的了解，销售人员更应该直截了当，阐述产品的价值所在，吸引顾客，促其购买。

为产品设想一个美好的远景

如今，商业活动中的你来我往、唇枪舌剑，无非都是为了给自己争取更多的利益。

在与顾客的销售沟通中，拙劣的销售人员在推销当中只注重表现个人利益一面，聪明的销售人员却善于利用公众利益一面。千万别以为这只是几个词语之间的差别，里面的情形可是有着天壤之别的。从销售的实践看来，主动指出对方的利益所在，让对方知道这次销售将给他带来的好处，会更有利于促进双方之间的成功合作。因为，顾客要的是实惠，而商家要的是利益，由此让对方获利可以说是最大的底牌，

日本的松下公司是世界知名的企业，当初只能生产几种简单的电器产品，而且产品还没有形成品牌效应，在价格上也不占优势，所以销路不太好。于是董事长松下幸之助亲自去各地进行旅行推销，希望能与各个代理商成功合作，为他们的产品顺利打开销路，甚至使他们可以全面占领市场。

一天，他把各家代理商召集在一起，给他们推荐本公司的新产品。在沟通的过程中，松下告诉各位代理商："经过多年的研制与开发，我们公司终于完成了对这个新产品的投产试用。尽管现在它还称不上是一流的产品，但是我仍然要拜托大家，以一流的产品价格到本公司来订购这种新产品。"

顿时，全场一片哗然之声："有没有搞错啊，既然不是一流的产品，有什么理由要求我们用一流的价格去购买呢？"

松下认真地说："我并没有搞错。我们都知道，在目前的灯泡制

造行业中，全国只有一家公司能够称得上是第一流的，并且他们已经从整体上把市场垄断了。这个时候，即使他们随意提高产品的价格，大家仍然会购买，不是吗？假如市场上有新产品出现，品质优良而价格又便宜，对大家来说难道不是一件好事吗？不然，大家就需要按照那家厂商开出的高价去购买然后再经销，如此一来，得到的利润就非常有限了。"

听到这里，各位经销商纷纷点头表示赞同。接着，松下继续说道："这正如一个拳击手，如果纵横天下无敌手，这样一来，由于缺少真正有实力的对手，观众就很难再看到一场实力相当、扣人心弦的拳击比赛。目前的灯泡行业也是这种情况。这个时候若是出现一个与那家大公司实力相当的公司来与之竞争，就能直接导致产品价格的降低，经销商便能从中获得更多的利润。"

"那么，为什么本公司现在只能制造出二流的电灯泡呢？只因本公司刚成立不久，财力稍有欠缺，尚没有足够的资金用于技术改造和突破。但是假如大家肯帮忙，以一流产品的价格来购买本公司的产品，我们很快就能筹集到足够的资金进行技术改造。我相信过不了多久，本公司便可以制造出一流的产品推向市场，到那个时候，在座的各位就是最直接的受益者了。"

松下一番话，引来了很多经销商的啧啧称赞。最终，在座的经销商都同意了松下的"过分"要求。

松下的这番话可以说是"真心话"，他把公司的现状向各地的经销商"交底"，实际上是冒很大风险的，毕竟做生意是以追求利润为终极目的的，假如经销商们不肯损失眼前的利益，不肯以一流的价格购买松下公司二流的产品，那么松下的公关就算失败了。

但令人匪夷所思的是，松下"无理"的要求居然被大家所接受，这主要得益于松下给他们设想了一个美好的远景，站在他们的角度大谈对他们的好处，吸引他们成为支持者。

　　远景可能实现，也可能实现不了，所以说松下说的是"真心话"，但不是"真话"。松下高明的地方就在于让经销商把他的"真心话"当成真话，从而把他们吸引进入自己的阵营。

　　在与顾客交流时，讲真话是必要的，但不要完全被其所桎梏，可在不违反诚信的原则下，讲究方式方法，曲径通幽。要不然不管什么情形，都直白无曲地实话实说，那么就极有可能让谈话止步于萌芽阶段。